舆论格局的嬗变与
地方政府执政理念研究

——基于舆论主体的研究视角

史文静 / 著

ZHEJIANG UNIVERSITY PRESS
浙江大学出版社

图书在版编目（CIP）数据

舆论格局的嬗变与地方政府执政理念研究:基于舆
论主体的研究视角/史文静著. --杭州:浙江大学出
版社,2019.11

ISBN 978-7-308-19789-2

Ⅰ.①舆… Ⅱ.①史… Ⅲ.①互联网络－舆论－研究－
中国 Ⅳ.①G219.2

中国版本图书馆 CIP 数据核字（2019）第 264461 号

舆论格局的嬗变与地方政府执政理念研究
—— 基于舆论主体的研究视角

史文静　著

责任编辑	丁沛岚	
责任校对	陈　翩	
封面设计	春天书装	
出版发行	浙江大学出版社	
	（杭州市天目山路 148 号　邮政编码 310007）	
	（网址:http://www.zjupress.com）	
排　　版	浙江时代出版服务有限公司	
印　　刷	杭州良诸印刷有限公司	
开　　本	710mm×1000mm　1/16	
印　　张	12.5	
字　　数	219 千	
版 印 次	2019 年 11 月第 1 版　2019 年 11 月第 1 次印刷	
书　　号	ISBN 978-7-308-19789-2	
定　　价	48.00 元	

目　录

导　论

一、研究缘起

舆论是新闻学等诸多学科研究的重要课题。"舆论"一词在中国传统社会中代表一种控制关系,而不是精神交往。舆论不是主体自我的内在化实践,它发生在人际交往构成的社会性存在中,同时也存在于社会各个领域的具体实践关系中。舆论一旦形成,就会自主化为市民社会理论视域中的公共舆论场,并在社会空间中承担相应的建构功能——代表社会与国家和市场进行对话。中国学者在阐释舆论时通常未将其置于他们身在其中、十分熟悉的社会,而是试图用西方的舆论概念重构自身的社会关系,并将"契约"等作为这一重构的基本方向。由于这些关系并不是自然存在的,而是某种想象或目标,只能在与外部的、同样没有得到清晰界定的力量的关系中获得把握,因此关于舆论的"话语"即基本理念需要进入社会的和历史的具体语境才有研究的可能性。鉴于传播学和社会学都以其深厚的学科基础对舆论做出了基本的理论阐释,本书从舆论的应然状态出发,借鉴社会学、传播学相关理论,对舆论的基本内涵、个体与集体这一对立统一的内在关系进行了建构,这也是本书的重要理论基础。

从更宏观的理论背景来说,人文社会学科中现代与传统的断裂是很多研究的背景和核心命题。在这其中,"现代性"在历史语境中展开的方式和本土现代化进程中的独特之处又是研究的聚焦点。传统理论更多关注制度等层面,而现代理论则更关注现代性的主观层面如何被个体和群体感知,以及如何塑造和培养具有特定思维和主体意识的个体和群体。由此引申到社会现实层面所面对的问题场域是,当下的中国社会正处在高速发展转型期,在社会生活中产生了诸多矛盾和困惑,虽然社会整体经济水平发展迅速,但是与之相伴的社会文化网络却尚未实现真正的现代化,由于中国传统文化模式对社会整体及个体行为具有强大的解释力和规范效应,因此在日常生活中,舆论主体自我认知的现代化进程依旧任重道远。

近代以来,中国的舆论进程与实践正是在幻觉与真实、宣传与批判、禁锢与挑战、刻板印象与辩证形象的矛盾中,不断刺激着人们对自我、自然、群体与社会进行全新的界定、观察与思考,为我们带来了丰富的研究材料与反思对象。舆论作为一种精神力量,代表多数人的意见,强烈影响着政府决策的制定和实施。对"舆论"一词的历史追溯打开了分析中国社会转型的新视角。舆论既是国家形象的重要组成部分,也代表国家软实力。将舆论研究纳入"推进国家治理体系和治理能力现代化"这一体系当中,在国家—社会框架内思考融入基层治理当中的村落共同体文化变迁,把市场重新嵌入乡村社会伦理关系之中,是本书现实研究展开的场域。

社会文化模式下社区对现代人的塑造与养成也是本书关注的重点。人民群众是历史的创造者,转型期各种利益博弈和社会对话日益频繁,网络上的很多群体性事件最初都发端于基层社会的各种利益纠纷和沟通不畅,当然也有深层次的矛盾。另外,智能技术对日常生活进行着重塑,乡村和城市的基层社区是社会基本治理单元,通过关注舆论的社会关系和社会治理体系再造,积极探索新媒体背景下的舆论引导模式对中国社会意义重大。①

二、主旨阐释

传播学中的舆论研究很多基于西方中心主义和城市中心主义的视角,虽然也会涉及中国古代,但是这种历史书写与现代舆论研究几乎是割裂的。当前,基层社会矛盾冲突不断,在理论层面,基于西方经验的传播学理论不足以解释中国复杂的现实,舆论研究游走于理论与现实之间。当下中国复杂的社会现实让舆论研究处于现实命题阶段,国内基于社会现象和现实案例而展开的与舆论相关的理论与实证经验类研究成果已相当丰富。然而从中国传统文化入手,以地域生态社会为背景,立足本土实践研究中国社会特有的地方政治体制与新媒体所造就的舆论格局,目前仍是一个具有创新意义和学术价值的问题。舆论研究对处于现代化进程中的发展中国家来说,在促进经济发展和维护社会稳定方面,都具有重大意义。研究地方政府如何顺应与利用舆论格局进行有效管理是一个有实际应用价值的课题。地方政府只有把"为人民服务"的理念变成

---

① 王斌、贺嘉钰:《试析信息技术在基层社会管理中的应用:以社区网格化为例》,《国际新闻界》2013年第9期。

硬道理,才能让地方政治焕发出新的生机和活力。近年频发的地方群体性事件,不能简单地从表面考察冲突,而需要深入地方社会发展的内在逻辑去分析。新媒体所代表的文化是舶来品,新的形势下许多人把学习的目光投向西方,然而中国的问题必须从本土历史中寻找经验。民众的舆论参与关乎地方社会的经济发展和安定团结,有利于推进被市场经济原子化了的社区纽带的重新建立。本书正是在这样的主旨下展开对"舆论格局嬗变"这一命题的时代论述的。

从舆论格局的嬗变中研究地方政府执政理念应该是一个很有实际应用价值的课题。本书结合中国本土基层政治实践对舆论生态进行分析,通过解构地方政府执政方式在现实中的核心地位,把基层政治放到地方社会历史文化变迁的舆论格局中加以考察和把握。通过对基层舆论格局中各种微观机制的分析,深入日常生活世界之中,挖掘政治和文化的联系,因此在某种意义上也是回归日常生活世界的传播学研究。

本书的观点可以表述为:第一,研究舆论格局的嬗变与地方政府的执政方式,实质上是探讨中国本土政治的发展路径;第二,与地方政府执政方式这种宏观权力相关的舆论格局,其实是一种文化意义上的微观权力,而地方政府执政方式和国家政权的稳定同深层次的舆论格局或文化权力的支撑是密切相关的。在考察舆论格局与地方政府执政理念的文化阻滞力,剖析舆论格局下的地方政府执政理念的问题时,本研究试图尽可能客观地反映舆论格局嬗变的历程,并把舆论和当地文化生态联系起来,以此解读地方政府的执政理念。为获得第一手资料,笔者进行了大量田野调查,实地走访,核实情况,试图从舆论与生态环境的关系中找出地方政府执政理念的文化阻滞力,并提出可行性对策。

三、主要内容

在第一编中,本书主要探讨了以下话题。国内研究中通常谈论的舆论概念在语用学意义中是一个近代西方概念,所指称的内涵的原初形态发端于西方。现代西方舆论研究是与民族国家和契约式市场经济制度同步发展起来的,迄今已有数百年历史,是一个"古老的"近代现象。近年来学术界已普遍意识到公共舆论的形成和现代社会转型之间的内在联系。相应的,对这一西方概念——"舆论"的语义进行解读时,其共时态的多样性和历时态的嬗变性,使舆论在中国言说的语式十分驳杂。当然,在使用"舆论"一词诠释中国现实和传统文化时可以发现一些的传统思维观察现实时难以察觉的盲点,但也容易导致对中国现实和文化的理解出现语义和语法的误用。国内研究者无论是对翻译术语的商榷,还是指出定义的逻辑错误,都希望可以将运演的语词与语词的对象、概念、客体、含义、指称,以及表现对象和指称对象、概念词和专名区分开来,减少语言使用和理解不当带来的混乱。叔本华说,社会世界涉及的是"意志与表象"的世界,各种新概念和旧语词的传播和复活标志着重新建立世界的表象。① 本书主要从舆论观念的内在演化来讨论"舆论"一词在 20 世纪的意义,由于舆论的内涵和运用方式都发生了根本性的变化,所以重点不是考察"舆论"一词的传播过程——把舆论作为单薄的概念进行推衍,而是采用建构的方式使舆论概念在历史深度、思考平台和想象空间上得到重新应用。

以舆论研究中的关键性概念"舆论主体"的研究为例,其内涵自身就带有西方的种种历史经验而并不是纯粹的形式和工具,这也容易使我们在观察舆论的现代出发点时产生对中国经验的扭曲性再塑。由于研究者的问题意识及研究途径不同,对舆论主体的研究形成了关于人的思索的不同的知识脉络与传统,现实实践和历史文化传统是个体价值实现的现实起点。② 在古代中国,传统政治文化和社会结构是民众利益表达难以逾越的屏障。传统文化的理想是"和",因此需要整合大家都能接受的方案,压抑个人的私欲,是整体本位的文化。个人利益应当服从整体利益,甚至为整体利益做出牺牲,因此这种文化也被称为义务本位文化。③ 在这种整体本位和义务本位的文化里,民众的利益表达和参与显然是有限的。④ 中国传统社会把舆论等同于一种教化与控制工具,忽略了个人能力。而个体性发育对国家认同至关重要,只有个人的理性批判和反思机制才能让国家认同真正发挥效力。如果靠机械团结或"虚假意识"来实现所谓的"凝聚",而个人完全处于无意识状态,成了集体意识所操纵的"乌合之众"(the crowd),那这种认同本质上是无效的,也是没有意义的。古代社会的知识分子追求信仰伦理并意图在某种神圣的秩序中发现、确定自己的位置,这种文

---

① 汪晖:《现代中国思想的兴起》下卷第二部《科学话语共同体》,生活·读书·新知三联书店 2008 年版,第 1412 页。

② 钱穆:《从中国历史来看中国民族性及中国文化》,香港中文大学出版社 1979 年版,第 27-31 页。

③ 王绍光:《政治文化与社会结构对政治参与的影响》,《清华大学学报》(哲学社会科学版)2008 年第 4 期。

④ Lucian W. Pye. "The State and the Individual: An Overview Interpretation", *China Quarterly*, Vol. 127, 1991: pp. 443-466.

化孕育了人们某种认知、评判的自觉行为。因此,对舆论内在文化合法性的探寻和个体的价值依托构成了本土舆论研究的重要问题。

　　除了促进市场经济增长,现代化还促进了公共空间的形成,而公共空间强调的是私人意见和个体需求聚合成为公共意见即"舆论"的机制。现代国家从政治视角来看有两个基本构成:国家权力和公民权利。在现代国家公共空间建设过程中,这一对关系非常复杂。国家制度层面的舆论将个人选择综合成普遍的公共政治选择,即舆论是公共空间在政治上的普遍实现。在以往的研究中,很多研究者把舆论研究的焦点放在三类对象即政府、媒介与公众间的多元互动上,较少分析它们各自内部的分化和冲突及其对外部关系的影响和作用机制,把舆论在社会中的构成和变动简单化,并且简化了现实情境中正式权力的代表即政府与其相对应的主体即公众之间的复杂关联。因此,当我们把舆论作为一种语用符号应用于中国社会变迁的进程时,需要兼顾其复杂的社会演变机理。因此从两者关系的嬗变这一视域去描述和分析舆论的构成及其在中国社会变迁进程中建构的总体特征和根本实质,对国家与社会关系场域中的舆论主客体的形成非常必要。

　　在第二编中,本书探讨了舆论的具体实践场域。在中国社会中,庞大人群与国家政治的接触点在乡镇一级政府。1949 年后,新中国确立了工农联盟的地位,而随着改革开放,家庭联产承包责任制的推行、人民公社的解体、市场改革的深化和城镇化历史性地重构了城乡关系。当前,农村、农业和农民问题即"三农"问题成为治理农村的核心。这些都是第二编现实实践展开论述的重要历史背景。第二编所使用的资料主要来自调查团队驻村调查,选取了宁波地区若干村庄作为实证研究案例,基于传播学、社会学及政治经济学视角,既有对慈溪市龙山镇徐福村的深度调查,也有对宁波下辖多个村庄的变迁进行的普遍实地调研与入户访谈。

　　土地承包制下的小农经济构成了中华民族的生存基础和生活底色,是活着的历史,建构在村落之上的观念形态决定了民族的精神状态。为了稳定社会的秩序和个人的行为,形成一个共同信仰是十分必要的。而信仰归根结底是个人与社会共同体的关系问题。[①] 在现代社会中,市场经济所带来的权利意识正在蓬勃发展,市场最早产生于一种将个人需求和生产供给整合成为公共的需求和供给的机制,当市场经济成为经济结构的主导形态时,经济方面的私人领域与

---

　　① 　曹锦清:《黄河边的中国》下,上海文艺出版社 1998 年版,第 425 页。

公共领域就会趋于一体化。在一个社会的现代化进程中,除了市场经济外,孕育公意的社会空间和机制也非常重要。公意强调的是将私人意见和需求整合成为公共意见的机制,而民主只是公意在政治上的普遍实现。① 目前,中国社会发展依然面临诸多问题与挑战,但不能完全用西方社会发展的实证经验来考察中国社会的发展境况。地方政府是一个有着独立的利益诉求和广阔逐利空间的谋利型政权经营者。② 地方舆论生态格局是当下政府执政中区域社会因素的核心。如果说对地方政府行动角色的解读构成了我们理解中国社会转型的一个基本视角,那么乡村治理中的舆论视角的引入,无疑为这一研究视野提供了更广阔的问题意识空间。在一定的历史语境中,国家政权的稳定与深层次的微观权力,比如文化权力的支撑密切相关。正式制度与日常生活领域之间需要一定程度的契合性,这样才能有效引导民意的现代化转变。要关注在社会领域中非正式运作的舆情空间,因为制度的理性化与民主化的不同步会抑制公共性的生产。应把公意看成以个人利益为前提、保证共同利益的道德规则,不能把公意的维持建立在外在的国家权力统治上。与公意相关的公共利益是建立在民意基础之上的,民众的知情权和话语权是实现公共利益的必要条件。

互联网引发了现代生活结构的公共化转型,使中国德法一体的传统社会文化结构不再具有以往那样的理论解释力和制度合法性。当传统的共同体式的生活被打破,身处复杂现实之中,利益差别和价值观的多元化使得现代人难以建立普遍认同体系。舆论引导者不应站在现实的人及其生活世界之外,以权威姿态指挥这一历史进程,而应以一种参与者的立场观察和理解现实生活世界,进而引导公众形成公共理性。

德国学者斐迪南·滕尼斯(Ferdinand Tonnies)在《共同体与社会:纯粹社会学的基本概念》中提出了"共同体"即"社区"的概念,标志着现代社会理论的正式开端。进入互联网时代后,舆论主客体之间的关系,包括一定的观念、意识和人的精神的文化,各种传统和习俗,宏观与微观制度,人类的语言与符号交流活动,人类的各种仪式与相关行动,不同的地域空间等,共同构成公众的生活场景。随着社会的发展及个体自主理性的成长,人们的传统忠诚与归属感出现消退,在现实中表现为个体对共同体的信任感日渐消退。从文化本质上来讲,舆论所表达的是寻求共同体的"我们",寻求在共同体中的真正的认同,尽管舆论

---

① 汪晖、陈燕谷:《文化与公共性》,生活·读书·新知三联书店 2005 年版,第 125 页。

② 郁建兴、高翔:《地方发展型政府的行为逻辑及制度基础》,《中国社会科学》2012 年第 5 期。

的主体——公众在现实社会中是分散的,不可能达到真正完全的同一,但并不妨碍对这种理想的追寻。

在第三编中,本书立足于当下中国发展面临全球化的外力推动及社会内在转型这一双重时空坐标,提出对舆论的考察不能局限于舆论的变迁与再建构的宏观研究层面,以及舆情领域中具体事件的微观研究层面,还要加强中观层面的学术考察,关注舆论在现代社会制度与大众文化及生活运行层面的互动关系。本书把舆论研究推进到具体的媒体实践层面,指出主流大众传媒在新的历史时期能否有效发挥舆论引导的作用,关键在于其所支撑的各种社会要素和具体条件所构成的网络的更新程度及其应用方法的有效性。阿尔都塞(Althusser)在《意识形态与意识形态国家机器》中批判了人文主义的"主体"(subject)概念,认为主体并不是自觉、自在并且有独立认知能力的与客体相对的人类意识。在他看来,制造符合现存社会制度的需要,并认同现有价值体系与行为原则的主体是意识形态国家机器的核心功能。[1] 主体的存在与发展有赖于媒介体系的唤询,文化作为一种整体性的生活方式和社会价值体系,对构建新型社会场域具有重要的意义。[2] 个体通过对自己所处集体共享的导向来引导自己的行为,在这种引导与调解中建构身份认同及其对群体的归属感,而个体之所以理解所处集体的导向,有赖于集体成员之间的信息生产、交流和互动。集体记忆在社群内部传播内容上占据主要地位,在构建并维系人的集体身份认同方面具有重要影响。

在国家制度层面,舆论应帮助公众逐渐形成角色预期,以节约交易成本,减少行动者的机会主义行为,借助公共力量推进主体之间的相互信任和良性互动,推动生活领域本身的理性化,进而展开对舆论的现代性重构。当舆论进入语用层面即现实社会制度直接指向基层政府的公共事务管理时,它应该内化为公民个体作为社会管理主体的理性基础,从传统文化的本质来说它应该是一种道德自觉。舆论是针对某些涉及公共利益的话题的个人意见的集合,这些意见会对个人行为、群体行为甚至国家政策产生影响。[3] 面对社会热点事件,舆论成为一个社会在开放和秩序两极间取得平衡的源泉和标准。

对舆情形成的框架与意义进行研究,反思舆情事件形成的拟态环境对现实

---

[1] 吴靖:《文化现代性的视觉表达:观看、凝视与对视》,北京大学出版社2012年版,第20页。
[2] 赵月枝:《传播与社会:政治经济与文化分析》,中国传媒大学出版社2011年版。
[3] 刘建明、纪忠慧、王莉丽:《舆论学概论》,北京大学出版社2009年版,第5页。

环境问题及主体关系的影响,展示各方在舆情事件中的行为如何影响公众对该事件及公共决策的认知,是非常有意义的。很多解释框架及其背后的意义阐释是建立在一定的路径研究基础之上的,不同舆情事件的情感动员路径建构了差异化的框架及意义,形成了对社会领域中城乡二元结构及很多社会想象的固化。一个共同体的文化关乎公共生活世界中"我们是谁"的理念和价值观的培育,依托共同体的规训,个体可以获得某种自我突破,在这个意义上,构建当代中国民族价值观念的核心至关重要。大众传媒对于社会凝聚力和文化整合的深层整合有两种基本路径:一是利用传统的文化和伦理寻求民族集体记忆的合法性资源;二是强调传媒发展的地方知识和发展语境,寻求区域整合,提供社会资本和终极关怀。

四、研究方法

(一)历史建构主义研究法

历史的研究方法是马克思主义最重要的研究方法之一,马克思主义认为:"任何社会政治现象的发生都有一定的历史条件,研究社会政治现象时应该将特定的社会政治现象放在特定的历史范围和背景中加以考察。"①历史建构主义研究法从个别历史事实之间的因果联系来"重建过去",也就是站在事物自身所产生和发展的具体历史层面去研究和揭示其发展规律的一种研究方法。

(二)访谈法、问卷调查法、定量统计分析法

本研究的访谈法主要应用于乡村基层调查,访谈对象包括各个年龄段、不同职业类型的村民,对乡村治理的分析是从村发展历史、差序格局、村集体企业变迁、村民生计变化、公共空间、乡村文化等多个方面进行的全方位的访谈调查分析,也辅助进行了部分问卷调查和田野资料整理工作。在舆情研究中运用了抽样法、数据处理、问卷调查等方法,对具体事件和案例的网络舆情材料进行了统计,同时对网络平台上热点事件的微博、微信内容进行了整理,并结合舆情权威数据进行了部分定量分析。

(三)案例研究法

本书搜集了 2011—2017 年网络媒体上一些较有代表性的社会公共舆情热点事件,并结合相关理论对其进行了实质性和规律性的考察分析,为本书提供

---

① 王汎森:《中国近代思想文化史研究的若干思考》,《新史学》2003 年第 4 期。

了重要的事实依据。

(四)系统研究法

舆论内部结构要素及其相互间的关系和作用是一个系统。本书运用社会学、管理学、心理学、传播学等学科的理论、方法和成果,从整体上对政府舆情引导理念与策略进行了综合性的研究,以利于全面认识和剖析舆情事件中的政府引导及其治理模式与机制。

第一编
舆论 历史 符号

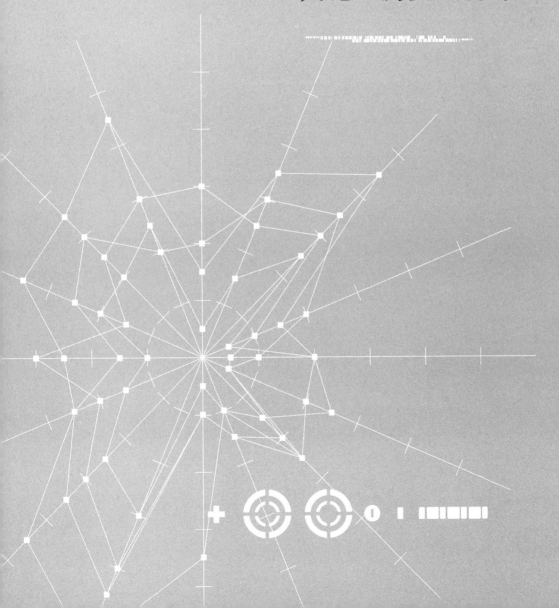

第一章　近现代中国舆论概念演变

本章简要地从语言学角度梳理了"舆论"一词在中国的产生与演变。从翻译角度来说,日常使用中存在的"公共舆论""公众意见""民意"等词均与英文"public opinion"对应,作为外来词的"舆论"是"public opinion"一词的中译,但与中国古代的"舆论"一词不存在必然的对应,笔者由此分别分析了"public"和"opinion"所对应的中译词"公众"和"意见"的来源。笔者认为,古代的"清议"思想代表了中国舆论思想的传统内涵,"舆论"一词西风东渐的跨文化传播的实践历史代表了中国士绅阶层参与政治决策与议论国是的言论传统与文化惯例,经过跨语际实践的复杂运作后在公众文化心理发酵酝酿上形成内在一致性,笔者由此讨论了由"舆论"一词衍生出的"舆论导向"等词的社会文化内涵。

第一节　"舆论"语义的中西溯源

在古汉语中,"舆论"一词出现较早,其中的"舆"字在中国古籍中也出现较早,比如《老子》中有"虽有车舆,无所乘之",但与现代"舆论"中的"舆"可以说是风马牛不相及。① 汉语中的"舆论"一词最早出现在三国时期,曹魏谏臣王朗上书文帝的奏疏中有"惧彼舆论之未畅也"一说,该句的意思是说"谨防舆人对圣旨不解而议论纷纷"。② 同时也有学者依据"尧置敢谏之鼓,舜立诽谤之木"的记载认为中国的舆论思想与实践可以追溯至原始社会。③ 其实中国古代所称引的"舆论"一词,不过是泛称,其意涵与通常习用之民谣、谏诤、清议并无太大差别。

---

① 黄旦:《舆论:悬在虚空的大地? ——李普曼〈公众舆论〉阅读札记》,《新闻记者》2005 年第 11 期。

② 刘建明:《社会舆论原理》,华夏出版社 2002 年版,第 12 页。

③ 石天河:《舆论溯源》,《书屋》2005 年第 5 期。

现代西方的"public opinion"一词,直到 18 世纪才作为一个独立的词组出现,这个词组包含了产生于文艺复兴时代的"人民主权"意涵。1762 年,法国启蒙学者让-雅克·卢梭(Jean-Jacque Rousseau)在他的《社会契约论》中首次将"公众"与"意见"组成一个概念,即"舆论"(法文 opinino publique)。卢梭之前,17 世纪的英国哲学家约翰·洛克(John Locke)对舆论(当时尚没有 public 这个定语)的论述为后人提出"public opinion"做了思想准备。洛克把"舆论法则"(the law of opinion or reputation)作为一个范畴,与"神法""民法"相提并论。①马克思使用过"舆论的陪审团""名誉审判席""批判的法庭"等用语,恩格斯使用过"舆论的权力""诉诸公众""诉诸公论"等用语,意指每个人都会感受到周围一种无形的精神力量的制约。这是一种全方位的特殊的精神交往形式,传统、现实、社会关系、心理因素交织在一起。②

"public opinion"为何翻译为"舆论"呢?就语言角度来分析,拉丁语、法语、英语是同一语系,拉丁文的"publicus"是"公"字的先祖,除英语的"public",德语有关"公"的用语中,也有"publikum"一词。从语源来看,"publicus"是从"populus"(人民)而来的,还受到"pubes"(成年男子)的影响,意思为"属于人民全体的""与人民有关的"。③"opinion"来源于希腊语"doxa"或"doxeo",意指猜想,以及表面的看法。④现代的"opinion"含义与本义相比有所扩展,指"对特定事物的观点、判断或评价","弱于知识、强于印象的信念","被称为确实的东西而广泛流行、普遍接受的观念",等等。尤尔根·哈贝马斯(Jürgen Habermas)也认为"舆论"一词的本源包括社会的名誉和民众的意见,都与群众性口头传播有关,且所述内容都含有浅表性、易变性等特点,相比于真理、理性,是没有得到充分论证的不确定的判断。这里尤其值得关注的是"public"一词,在字义上,"public"被翻译成"公共的,公众的",一直带有人民的意味,但事实上汉字"公"是以国君为语源,与"人民"的关系相当稀薄。⑤按照美国社会学家赖特·米尔斯(Wright Mills)的说法,18 世纪"公共意见"(public opinion)中的"公共"这个

---

① 陈力丹:《舆论学:舆论导向研究》,上海交通大学出版社 2012 年版,第 1 页。

② 陈力丹:《精神交往论:马克思恩格斯的传播观》,中国人民大学出版社 2008 年版,第 148-180 页。

③ [日]成濑治:《"市民的公共性"理念》,载[日]柴田三千雄等编:《世界史》,岩波书店 1989 年版。

④ 程世寿:《公共舆论学》,华中科技大学出版社 2003 年版,第 122 页。

⑤ [日]成濑治:《"市民的公共性"理念》,载[日]柴田三千雄等编:《世界史》,岩波书店 1989 年版。

概念,是伴随着自由经济市场的出现自然形成的,犹如这个市场由自由竞争的企业所构成,公共的讨论则是以身份、地位等类似的群体来划分圈子。西方的"public"最初是指"民有",即民众可以接近,并逐渐含有"民享""民治"之义。

由于中西方语言背景存在分歧,"public"一词传入之前,中国的"公"不包含任何重要的"公开"含义,这个成分不但强度不如原有的意涵,即朝廷或政务,理念的内在结构也颇松散,但"公"很早就有"共"的意思,东汉郑玄注《礼记礼运》"天下为公"就释"公"为"共"。在政治领域,最重要的词是"公议"和"公论",在字面上都是指多数人的意见或评价,但伦理色彩很强烈,经常同时意味着正确的言论,在字面上,都是指多数人的意见或评价。"公议"与"公论"成为政治生活中的常用概念,主要是在魏晋南北朝到隋唐这一时期。"公论"一出现,就带有正面色彩。"公议"则不同,本来主要指朝堂上的政事讨论,大体上是描述性用语。"公"字在中国语境中不是思想发展的直接产物,而是从"公"的语义逐渐衍生而来的。①

关于"public opinion"译为"舆论"是否恰当,学术界一直存在争议。就现有的文献资料来看,学术界对这一术语的翻译主要有三种主流意见:一种是"舆论"说,一种是"民意"说,一种是"公共/公众意见"说。② 在20世纪20年代之后的近代文献中,美国著名记者、专栏作家沃尔特·李普曼(Walter Lippmann)的舆论思想成为引用率最高的西方思想资源之一,对近代中国舆论思想的演迁产生了重要影响,直到现在李普曼的舆论思想还是国内外学者研究的兴趣点。李普曼的《公共舆论》(*Public Opinion*)诞生于1922年,是最早被广泛地介绍到中国的西方传播学方面的思想专著。该书揭示了一个由想象构建的虚拟环境,指出人的主观性认识的局限无法穷尽客观真实。一般认为,李普曼的舆论思想属于精英意识视角的公众舆论观。在李普曼之前和之后,有无数人试图回答"舆论是什么"的问题。在我们通常读到的教科书和舆论学书籍中,舆论的定义各不相同。据德国传播学者伊丽莎白·诺尔-诺曼(Elisabeth Noelle-Neumann)的研究,在20世纪60年代,舆论至少有60个定义,对此学界要求放弃对舆论下定义的呼声日高。尽管舆论的定义难以统一,关于舆论特点的表述却是大致相同的。一般认为,舆论的主体是公众,公众是由社会中占大多数的具有独立自

---

① 陈弱水:《中国历史上"公"的观念及其现代变形:一个类型与整体的考察》,转引自许纪霖、朱宏:《现代中国思想的核心观念》,上海人民出版社2011年版,第577页。
② 郤书错:《"公共舆论"还是"公众意见"? ——兼对 Public Opinion 术语不同翻译的商榷》,《国际新闻界》2009年第10期。

我意识的人组成的;舆论的客体是与公共利益有关的公共事务;舆论的本体是意见,即公众对公共事务的评价性意见。① 在定义上,国内外学者对于舆论的定义各抒己见,到目前为止已多达七八十种,但一直未能有一个公认的定义。② 虽然学界众说纷纭,但基本可以归纳为以下三种:第一,舆论单纯地只是一种意见(包括评价、看法、议论),包括共同意见、一致意见、公共意见。持这种观点的学者占多数。第二,舆论不仅仅是一种意见,还包括信念、态度、情绪或者意识,是意见、信念、态度和情绪的总和或汇集,或是意识及共同意见的集合。第三,舆论是信念、态度。③ 学者们通过对现有文献的分析还指出,对舆论的讨论所依据的学科范畴,经历了从政治学、社会学、心理学与新闻学这样渐进的过程,具有跨学科的性质,但从另一角度看,舆论的研究思想来源众多,是一个多重观念的混合体。④

第二节　"public"语义在中国的演变

　　根据目前所掌握的国内外研究现状,笔者试图结合历史语境、意识形态、文化心理三个层面思考"public"语义的内涵及其演变。"public"可翻译成"公众""公共",这个概念在中国语境中来自"天下为公"的思想原点,可以说是"公众"概念树立了中国言论传统的新的里程碑,因为在人类传播史上,舆论的主体由"臣民"到"国民""公民"的身份变更,表征社会由"传统"走向"现代",是社会进步的重要标志。"舆论"相较于"清议"标志着一种新的代言模式的诞生。林语堂先生在《中国新闻舆论史》中的经典论述成为"舆论"研究的发端。在林语堂先生的论述中,他用现代民主政治的思想肯定了中国是存在舆论力量的,即他称谓的"公众批评",并指出:在受到良好教育的公民阶层中总是流行一种舆论,这种舆论在国家处于危机时往往可以突变为常规的民众运动,成为有组织和能够表达思想,并进而演变为支配舆论的有生力量。⑤ 此外还有西方舆论思想的开创者卢梭。清朝第一位驻英公使郭嵩焘在日记中提到了卢梭,并叙述了舆论

---

①　姜红:《舆论如何是可能的? ——读李普曼〈公众舆论〉笔记》,《新闻记者》2006 年第 2 期。
②　曾庆香:《对"舆论"定义的商榷》,《新闻与传播研究》2007 年第 4 期。
③　曾庆香:《对"舆论"定义的商榷》,《新闻与传播研究》2007 年第 4 期。
④　倪琳:《近代中国舆论思想演迁》,博士学位论文,上海大学,2010 年。
⑤　林语堂:《中国新闻舆论史》,王海、何洪亮译,中国人民大学出版社 2008 年版,第 4 页。

对法国建立民主政体的贡献，这是卢梭第一次进入中国人的视野。学界普遍认为，梁启超是中国全面研究舆论问题的第一人。梁启超通过《清议报》《新民丛报》等媒介向国人介绍"天赋人权"及卢梭的"社会契约论"等思想，主张"人人既相约为群以建设所谓政府者，则主权不在一人之手，而在众人之意，所谓公意是也"①。虽然梁启超并非使"公意"话语在现代复活的第一人，但他肯定是在现代意义上使用"公意"并使之普及的第一人。在卢梭那里，"公意"一词并非所谓的"语义学革命"，而是深植于自然法传统与西方文明漫长的演化史中。

中国古籍中的"舆人"泛指地位低下的人，反映了历史上大多数的中国人缺乏必要的文化知识，不能从公共的角度运用他们的理智，从而被排除在了公众讨论领域之外。"舆论"一词中公众意识的出现，是同传统社群中的人际关系网的解体，以及人可以自行组织起来的社会变迁相联系的，是文化现代转型的一部分。滕尼斯对此有过分析，他将人类社会分为两种类型：一种是以人际关系为主轴、以乡土及血缘为纽带的传统型社会组织，称为社群；另一种是以个人为本位、以理性计算的契约为纽带的现代社会。② 传统中国社会是一个伦理本位的共同体，政府组织到县为止，国家和政府的组织力和动员能力需以乡绅自治为中介。甲午战争以后，士大夫认为中国社会组织上下不通，政府动员能力微弱，机制松散，于是思考把个人、家庭、国家三个层次紧密结合起来的首要步骤是加强内部组织性，将个人凝聚为集体的力量，特别是强化国家对基层民众的动员力。③ 这是在中国语境下"舆论"一词中"公众"语义项形成的社会基础。而中国近代思想中个人的特色也不是西方启蒙传统中的"权利的个人"，而是中国式的"人格化的个人"，比如严复笔下的"民"之含义，更倾向于一个个具体的、组成国家的个人。而梁启超所理解的"民"，更倾向于卢梭的整体性的人民，这种整体性的人民概念，与孟子"民本"思想中的"民"是内在相通的，因为中国儒家思想中的"民"，不是拥有权利的个体，而是一个需要被整体对待、整体代表的集合性概念。这是舆论的"公众"义项的认识基础。此时近代精英所认识的舆论的"公众"义项从一个最高的抽象的对与错的原则——比如古代的公与私的观

---

① 梁启超：《卢梭学案》，载《梁启超哲学思想论文选》，北京大学出版社1984年版，第63页。

② ［德］滕尼斯：《共同体与社会：纯粹社会学的基本概念》，林荣远译，北京大学出版社2010年版，第1页。

③ 金观涛、刘青峰：《从"群"到"社会"、"社会主义"：中国近代公共领域变迁的思想史》，转引自许纪霖、宋宏：《现代中国思想的核心观念》，上海人民出版社2011年版，第517页。

念,转变为一种争取最高原则的具体的政治力量,甚至与之相配套的舆论概念也演变成为一种具体的政治力量发出的言论,而这种转化的原因正在于历史语境。近代中国内忧外患的半殖民地半封建非常政治状态,迫使发源于西方历史与政治的"舆论"话语经过重新洗牌,构建出适合中国社会发展需要的表达方式。1905年科举制度的废止促使现代意义上的知识阶层诞生,现代报刊的出现提供了全新的意见表达方式。传统大众媒体发轫之始正是以意见引导和宣传为目的的"政党报",在知识分子创办报刊十分活跃的清末社会变革时期,报刊是爱国文人参与政治活动、重返社会中心的重要渠道。报刊是同民族和国家命运紧密联系在一起的,西方列强以大炮轰开国门,中华民族危机逐步加深之际,报刊成为主要舆论阵地、意见引导工具,并且具有了政治认同和文化认同的意义。晚清时期到20世纪早期,编辑与记者形成了一种新的代言机制,"舆论"这一带有西方理念的新词,取代了充满传统政治色彩的"公议"一词。成为舆论阵地的报刊的涌现和繁荣,深刻地形塑了现代知识分子对时间、空间的新心理体验。

到了全面抗战时期,报纸的宣传主题实现了个性主题向社会主题的转换,即个体主体意识与社会主体意识如何交融,以及社会意识如何引导和消融个体意识。此时社会变革的主题由思想解放走向阶级解放,变革社会的力量主体由知识分子变成劳动大众,对道德人格的推崇变为对公众群体的推崇。以社会动员为主的宣传对国家建设至关重要。由于历史文化语境使代言机制发生改变,"舆论"的"公众"含义也随之改变。相对于美国等西方国家的自由主义报刊理念来说,以宣传实践为根基的中国的党报理论具有西方自由主义报刊理念所没有的社会动员力量,其对资本主义制度和价值理念的批判,成为"五四"以后现代中国新的民族文化语言符号,并在中国文化语境中置换为民族精神支撑和文化价值根据,这种宣传体现了当时的社会需要,并且有着自己独特的、具有感召力的精神模式和价值规范,而且对经典宣传形象的塑造具有自己独特的读解系统与特殊的阐释空间。在国家意识形态建构中,"舆论"已被当作政治变革的理论资源和政治动员的文化符号,在当时中国特殊历史文化语境下成为为本民族提供群众斗争精神资源的一元学说,"舆论"内涵中的批判性的一面在当时中国特有历史语境里主要指对敌人的拒斥。

1949年后,随着历史唯物论和马克思主义的关于社会一般发展理论成为官方意识形态,阶级论成为社会科学的主要方法。当时的"舆论",并非西方舆论学意义上的公众舆论,而是具体化为"党的主张",主要强调报刊是"党的舆论工具",其压倒一切的任务是"忠实地传播中央的声音"。改革开放之后,对"舆论"的认识有所改变,领导人讲话和中央相关文件中均不再将"舆论宣传"中的"舆论"限定在党的路线、方针、政策与各种主张等的宣传层面,新闻媒体凭借其所传播的信息而形成的舆论和社会公众自发形成的舆论——新闻舆论与社会舆论的重要性被强调,新闻媒体在做好党的路线、方针、政策宣传的同时,引导社会舆论也成为重要工作。有学者对改革开放以来各个时期的领导人讲话和中央相关文件进行全面考察后认为,中国共产党新闻舆论思想的产生与发展经历了三个阶段,即强调"舆论宣传"阶段、强调"舆论导向"阶段和强调"舆论引导"阶段。①

之后"舆论"概念中的"公众"语义又发生了一次意义上的位移,所指涉的对象,从政治层面被推广到意识和文化层面。历史上,市场经济和私有财产自古就存在,但公共空间却在 17 世纪之后才形成,其原因正在于个人权利观念在 17 世纪后才真正成熟。中国传统文化中,"私"一直作为"公"的对立面处于被批判的境遇,这使得"舆论"在中国出现了变异。不仅由于中西意识形态不同,其现代意识也有巨大的差异。西方舆论先驱卢梭笔下的"公意"并不等于所有人所欲望的东西的总和,所有人所欲望的仍然可以是各自的私利,卢梭将其称为"众意"。② 当然,20 世纪 90 年代以后的中国社会,作为社会个体的个人具有了越来越多的权利意识,互联网的应用也给了众人公开表达自己意愿和声张自己权利的空间,但由于价值伦理本位让位于工具伦理,人成为单向度的"经济人",如马克斯·韦伯(Max Weber)所说的,具有了更多的工具理性。当国家从私人领域退了出来,而社会的公共领域尚未完全开放时,人们在私人领域获得了前所未有的自由,进而脱嵌(disembedding)于原有社会。这已与传统观念中个人的价值取决于在共同体中的位置的观念截然不同。在唯我式的"众意"泛滥的社会,更需要一个强大的"利维坦"③来维持稳定与秩序,才不致陷于"一切人反对一切人的战争"。这种背景下的"舆论",其内涵逐渐变成被社会化了的某种存在于作为个体的人之间的非个体性,它反映了一种社会和价值关系。舆论在中国已变成了一个被广泛使用的跨文本语词,影响着人们的思想与决策。对于中国人而言,舆论似乎携带着某种不言自明的力量,甚至一种反抗政治腐败与社

---

① 樊亚平、刘静:《舆论宣传·舆论导向·舆论引导:新时期中共新闻舆论思想的历史演进》,《兰州大学学报》(社会科学版)2011 年第 4 期。

② [德]卢梭:《社会契约论》,何兆武译,商务印书馆 2011 年版,第 39 页。

③ [英]霍布斯:《利维坦》,黎思复、黎廷弼译,商务印书馆 1985 年版,第 1 页。

会不公的民间权力。有学者认为,今天的互联网舆论,就相当于古代的清议,不同的是言论主体从在总人口中占比很小的精英阶层,扩展到几乎囊括社会各阶层的网民大众,这里使用的"网络舆论"概念是宏观意义的,在具体情形下,某种意见是否为舆论,目前尚没有科学的测量方法。①

在考察了"public"的"公众"含义的演变后,我们发现,无论是以"公众"或"公共"为主要含义,还是不同时期的代言机制的变化,"舆论"所表达的都是寻求一种共同体形式上的"我们",寻求某种方式和范围内的相互承认、认同和同一性,舆论产生过程和舆论概念所指向的人的普遍交往关系,是对共同体"我们"的无限扩大和重新阐释。这里的共同体主要是家、邻里等血缘共同体、地缘共同体和精神共同体,特别是指建立在共同生活、共同居住和共同劳作基础上的"心意相通"(consensus),这也暗合了传统中国社会的伦理本位观。马克思曾指出:"社会不是由个人构成,而是表示这些个人彼此发生的那些联系和关系的总和。"②"舆论"能否对现代社会秩序进行有效引导?回到滕尼斯笔下的"共同体"③所面临的道德前提与伦理困境,能否找到解决问题的答案?马克斯·韦伯认为,被统治者服从统治者的支配,有暴力、经济等因素,但是,除了这些以外,通常还需要一个更深层的要素——对正当性的信仰。每个权力体系"都会试图建立并培育人们对其正当性的信仰"④。因而真正意义上的"舆论导向"不能简化为政治治理技术,它始终需要且实际上得到文化伦理的内在支撑。

第三节 "舆论"语义的文化延续

"舆论"一词在中国文化中变迁、演化,并成为重要词语和观念至少已有两千多年的历史,在这段漫长的时间里,这个词语中所包含的概念几经分化、演变,并在意涵上保持重叠,乃至各种语义彼此渗透,构成了一个复杂的文化意义网络。在多语言的跨语际运作下,也造成了"舆论"语义上的漂移。当我们回顾

① 陈喆、祝华新:《网络舆论的发展态势和社会影响》,《国际新闻界》2009 年第 9 期。
② 《马克思恩格斯全集》第 30 卷,人民出版社 1995 年版,第 221 页。
③ [德]滕尼斯:《共同体与社会:纯粹社会学的基本概念》,林荣远译,北京大学出版社 2010 年版,第 1 页。
④ [德]马克斯·韦伯:《经济与社会》第 1 卷,阎克文译,上海人民出版社 2010 版,第 319 页。

"舆论"这个词中的"公众"内涵在中国语境中的变化时会发现,"舆论"的语义内涵通过语言实践中意符(signifier)与意指(signified)的位移转换,并非仅仅意味着自由、权利的积累与扩大,更多的时候是在历史语境中变成了社会、政治与道德斗争的场域,并通过所制造出的知识的健忘机制构成了一个冲突、权力与支配的新的空间。经过一套跨语际(translingual)的语言运作过程,目前指代的"舆论"一词已脱离原有语境,成为一个深受西方政治学说影响,具有特定意涵的崭新名词。"舆论"的语义在舆论主体与超越意识的对象客体(包括作为意识对象的意识本身)的联系中得以不断地被建构。舆论内在的"公众"意义的演变形象生动地勾勒出舆论思想所经历的跨文化传播的实践过程。此外,在中西方文化碰撞的历史语境下,看似在自然社会时间中产生断裂的"舆论"内涵,在主体人的文化心理中却得到了延续。"舆论"语义的演变尽管是作为文化个体的大众体验历史的心理过程,却又不完全属于每个人的内心行为,舆论在中国人文化心理中的流动是对中国传统文人的民本思想的复活、生成、展开的过程,虽几经裂变,却始终未能脱离中国传统政治变革的历史和认识的轨道。

第二章 舆论的内在建构张力

本章通过观念史分析与社会史分析相结合的方式,发现近现代社会中作为语用符号的舆论背后隐藏的价值理性之间存在着复杂的关联,它们之间相互制衡和相互促进的若即若离的关系,为我们探讨政府理性执政提供了一个富有张力的动力机制。在这一章中首先简要考察了传统"舆论学"中舆论以符号的形式在历史语境①中所呈现的不同意义,其次讨论了现代舆论观与舆论主体生成的关系,以及"公意"与"众意"在现代治理话语体系建构中的复杂意义。

第一节 作为语用符号的舆论在不同历史语境下的意义

笔者的立足点是本土文化语境中"舆论"之语用内涵,所以要从舆论生成和运行的场域或活动空间来理解。赫拉克利特说,世界上没有任何东西能超越尺度——空间和时间的限制。② 在中国人对舆论的认识中,这个词语所带来的相应的观念的传播并不是一种简单的直线运动。19 世纪末 20 世纪初,中国人传统精神世界的内在连贯性被打断,新的社会结构关系需要确定舆论的新边界。舆论需要在历史与现实的社会网络中即具体的时空中重新展现其内涵。

古代中国很早就形成了一种特有的政治文化,这种文化传统不仅具有时间上的延续性、影响上的权威性,而且是一个开放的动态系统。马克思和恩格斯说过:"思想、观念、意识的生产最初是直接与人们的物质活动、与人们的物质交

---

① 语境(context)观念是当代思维中常用的概念。语境观强调事件的动态过程与特定时空框架,承认主体意图参与了对事件的构造,并与客体形成相互关联的图景。语境论将实体、事件、现象等具有实在特性的存在视为是在相互关联中表述的存在,不同的语境会形成不同的本体论立场,从而让语词及其所指的对象具有不同的意义。

② [德]恩斯特·卡西尔:《人论》,甘阳译,上海译文出版社 1985 年版,第 54 页。

往,与现实生活的语言交织在一起的。"① 在早期生产和生活中,人们的精神交往笼罩着神秘气息,直接反映了对自然界的不理解(崇拜、恐惧等)。② 我国古代典籍中关于舆论的表述,与其现代表述在内涵上存在很大差异。古时的舆论是一种控制与群体意识的混合物。由于传统中国社会非常注重对人的精神控制并靠此维持社会秩序,所以个人的生活和命运经常受制于抽象力量的支配和控制,最集中的体现就是对皇权的崇拜。皇权通过政治生活中的象征仪式来控制人的思维,进而影响社会行为,达到控制社会秩序的目的。孟子的民贵君轻思想被称为民本主义,本质上也是一种利于统治的古代人道主义思想,并不是民主思想。孔子的思想以礼为首,根据宗法等级思想形成儒家学说,与统治者的专制统治结合在一起,并以此要求确立社会秩序和人的行为规范。这就是当时的社会精神状况,公共生活也以此为价值皈依,构成了普通个人生活的意义源泉,进而成为凝聚社会生活、维持社会生活统一性的"黏合剂"。③ 古代的"舆论"一词不是人对社会意义的表达,而是植根于社会生活的自然机理之中的一种控制机制,本身体现了社会生活的形成和内在机制。舆论作为一种精神约束或控制机制,在古代中国制度管理和权力运作中有其特有方式,由于中央政权为强化整体功能以保持国家机器的运转,需要克服个体因素进而把一切都纳入固有的强制逻辑,由此古代舆论成为一种社会控制符号,通过与政治交织来调控社会秩序。④ 中国传统思想家对社会秩序的论证,是与中国传统的宗法体制相对应的,因此舆论与政治的结合,利益的协调与分配,道德控制与精神控制的混合还体现在教化这一思想上。

美国社会学的奠基者之一爱德华·罗斯(Edward Ross)最早在其关于系统研究社会控制的专著中提出了法律、道德、舆论、风俗、习惯、宗教等几十种控制手段及其作用。⑤ 所有那些很难纳入统一的民族国家结构中的文化与社会因素,比如与家族交织在一起的地方社会纽带、民间社会组织等都构成舆论的组成因素。在这样一种社会语境下,舆论是以规范性权利义务为主要内容来规制人的行为的教化行为,在中国古代,它是外在于人并以人的行为为直接指向的

　　①　《马克思恩格斯全集》第 1 卷,人民出版社 1972 年版,第 30 页。
　　②　陈力丹:《精神交往论:马克思恩格斯的传播观》,中国人民大学出版社 2008 年版,第 9 页。
　　③　张君劢:《新儒家思想史》,中国人民大学出版社 2006 年版,第 2-4 页。
　　④　赵轶峰:《明代的变迁》,上海三联书店 2008 年版,第 56 页。
　　⑤　[美]爱德华·罗斯:《社会控制》,秦志勇、毛永政等译,华夏出版社 1989 年版。

控制机制,是在精神上统治大多数人的强制工具与手段。

以明朝时期为例,伴随中国社会的多元化,当时的政府影响力日渐衰弱,针对国家舆论引导机制难以建立的现状,"天道、神威、君权、民本"①结合的明朝国家祭祀体系,是这个时代统治阶层宇宙观、宗教观、伦理观、政治观的综合缩影。所有的祭祀活动,都在反复地强化这种观念体系,在引导社会成员对政治权威主体合法性的尊崇,教育国民心态的同时,强化了国家权力与社会普通成员间的心理纽带。这种以治民为宗旨的官方宗教祭祀活动,归根结底是安排国家与人民关系的行为,与以悦神祈佑为目的的民间祭祀差异很大。② 西方学者曾评价过这种神圣政治表现性仪式的典型场景:不是为政治服务的手段,就是政治目的本身。大众仪式并不是修饰国家的手段,而就是国家本身。③

相比古代文明中人与自然、人与人之间的关系,近代中国"舆论"一词所反映的理念背后是一个从一元文化走向多元文化的世界。近代,随着以皇权为代表的绝对权威的崩溃和消亡,原有的一体化的力量也走向了终结。但同时这种政治文化体系内部并没有发生实质性的变化,而是趋向于单一。许纪霖曾专门撰文区分"有序的多元"和"无序的多元",他认为有序的多元在基本伦理价值上是有共识的,并有所建制化,进而成为国家政治文化,而无序的多元是一种文化的战国时代:既缺乏合法的制度和法律,也缺乏基本的公共文化。④ 中国近代舆论观念的发展恰恰是在这样一种无序的多元中发展建构起来的。回顾历史上的舆论观,重构生活世界的责任与使命同时代困境相伴始终。

五四新文化运动作为重要的思想解放运动是在新的历史语境中进行的反帝制运动和共和运动,作为一种抗争符号,在科学主义框架下,对宗族、家族、地缘和血缘共同体进行了解构和批判,构筑了新的意识形态。但五四新文化运动之后的中国社会并没有建立起以西方式"市民社会"为基础的现代社会共同体,把个人从传统宗法的关系体系中解放出来,转变成为现代国家法律中的个人主体。尽管传统意义上的大我走向解体,个体走出家族、地缘纽带和传统信仰共

---

① 赵英兰、刘扬:《清末民初东北民间祈雨信仰与社会群体心理态势》,《吉林大学社会科学学报》2011 年第 5 期。

② 赵英兰、刘扬:《清末民初东北民间祈雨信仰与社会群体心理态势》,《吉林大学社会科学学报》2011 年第 5 期。

③ Hicks David, Clifford Geertz. "Negara: The Theatre State in Nineteenth-Century Bali", *Man*, Vol. 17, No. 3, 1982, p. 571.

④ 许纪霖:《共和爱国主义与文化民族主义:现代中国两种民族国家认同观》,《华东师范大学学报》(哲学社会科学版)2006 年第 4 期。

同体,成为相对独立的个体,而且自我觉醒培育了人们对各种新形式的共同体的渴望,鼓励人们重新思考传统伦理中自我与共同体的关系,但由于无法从一个超验的维度完成舆论对中国文化的反思与批判,有时就不得不借助一个文化的"他者"来照亮自身。纵观世界,在很多民族国家的崛起过程中,其现代化更多的是一种对外来文化的模仿,而不是内生性变革。

中国传统知识分子的报人生涯作为一种象征性符号化的行为,以梁启超的舆论观最具深刻的道德论色彩,其社会范畴较为强调共同体意义和个人之间的调适。梁启超通过《清议报》《新民丛报》等媒介向国人介绍"天赋人权"观念及卢梭的"社会契约论"等思想,主张"人人既相约为群以建设所谓政府者,则主权不在一人之手,而在此众人之意,所谓公意是也"。① 在国破家亡的语境下,梁启超认为,脱离国家和集体的个人符号没有意义,国家和集体与个人相结合才更为紧迫和必要。② 由于历史原因,梁启超那一代启蒙者对舆论内涵中的集体服从有着强烈的诉求,但对于舆论内涵中的个人诉求就显得不那么上心了。如何处理好个人需求与服从的关系不至影响合群,个人自由应该怎样配合国家制度,这些问题才是梁启超等关注的中心。梁启超的报刊舆论观成为国家危机时刻的救国指导思想,其观点非常有影响力,但从另外一个角度来说,正因为与救国的政治诉求联系得太过紧密,所以在学理上很难独立。

在中国,舆论与中国共产党的革命事业息息相关,承担着极其重要的任务,并依托中国建构现代国家的历史契机,表现出了巨大的社会动员力量。

在中共历史早期的意识形态建构中,新闻舆论是政治动员的最佳符号。③ 20 世纪 20 年代早期,本土民族革命运动的新的意识形态理论出现,通过舆论重建意识形态恰恰可以强化中共政治实体的革命功能,"重建"又是在国内意识形态建构中形成的。意识形态不断转换模式来创造集体意识,提供了构成思想感情基本框架的符号、暗喻和想象模型。舆论中表征思想、观念、意识等的文化性

---

① 梁启超:《卢梭学案》,载《梁启超哲学思想论文选》,北京大学出版社 1984 年版,第63 页。

② [日]土屋英雄:《梁启超的"西洋"摄取与权利—自由论》,见[日]狭间直树编:《梁启超·明治日本·西方:日本京都大学人文科学研究所共同研究报告》,社会科学文献出版社 2001 年版,第 120-155 页。

③ 郭若平:《中共"五四"论述与意识形态建构的文化转向:以大革命失败到延安时期为中心》,《中共党史研究》2012 年第 5 期。

因素都参与进来,成为意识形态建构的文化转向。① 新闻宣传体现了社会需要,比如 1948 年毛泽东在《对晋绥日报编辑人员的谈话》中围绕如何通过报纸加强党和群众的联系这一重要问题,提出了让群众了解党的政策、善于把党的政策变成群众的行动、注意改进报道策略和宣传方式等观点,是一篇具有里程碑意义的马克思主义新闻观的经典文献。② 舆论引导的舆论主体在当时国内的政治现实下一方面担负起救亡、启蒙的重任,另一方面又要担负起道德重建的任务。思想意识改造的框架是重塑一种道德人格,中国共产党所推崇的变革社会的力量主体是劳苦大众,从对以农民为代表的劳动民众的道德人格的肯定扩大为对农民群体思想素质的推崇。中国知识分子对国家认同的困惑通过这种思想改造得到了阐释。有一种一度很有效果的组织传播方式,我们称之为典型报道,比如延安《解放日报》对劳动英雄吴满有的报道,是中国共产党党报史上大规模、有系统的典型报道之滥觞。③《解放日报》要真正完成“报纸的任务”,这个任务就是“不仅要充实群众的知识,扩大他们的眼界,启发他们的觉悟,引导他们,组织他们,而且要成为他们的反映者、喉舌,与他们共患难的朋友”④。革命话语下的报刊动员实践为中国社会秩序的再次建构提供了新的行之有效的价值系统,展现了国家权力是如何掌控新闻生产的过程,并通过对新闻话语的控制来建构社会记忆,形成了当时中国社会革命救亡的时代性。

　　在中国的现代化国家社会记忆的建构中,政党理念逐步地转变为国家理念,具有中国特色的“舆论”一词发生了语用价值位移,以平等理念为诉求的价值取向日益凸显。

第二节　“公意”形成的内在张力

　　舆论作为西方话语在中国发生的转变背后通常是历史过程中各种思潮的

---

① [英]弗雷德·英格利斯:《文化》,韩启群、张鲁宁、樊淑英译,南京大学出版社 2008 年版,第 144 页。

② 储峰:《通过报纸加强党和群众的联系:重温毛泽东〈对晋绥日报编辑人员的谈话〉》,《学习时报》2018 年 8 月 8 日。

③ 《典型人物如何塑造:延安时代的吴满有“神话”》,搜狐读书社区,http://cul. sohu. com/20091231/n269323866. shtml,2009 年 12 月 31 日。

④ 《致读者》,《解放日报》1942 年 4 月 1 日第 1 版。

互动及交锋。舆论从其原初意义来说代表了某种共识的认同,而且认同主体应是具有独立意志的个体,且有能力缔结共识性契约。但是这里其实有一个条件,即当个体有了自由选择的权利,且形成了某种社会性联合,舆论背后的虚拟人格才能升格成代表公意的精神符号。那么公意与众意之间是一种怎样的关系呢? 公意代表公共意愿,是普遍的意志。众意是个人利益的总和。公意并非总是等于众意。卢梭认为,公意永远是公正的,永远以公共利益为依归。而人民的考虑并非永远正确,人民也会受骗。① 公意与众意也存在着某种一致性或对应性,公意是精神领域最具普遍意义的社会联合,作为"统一体"的公意也是绝对人格。

舆论并不是个人意见的反映,而是由利益集团所培育、固化和传播的意见,公众舆论反映群体利益冲突。② 舆论引导不是一成不变的模式,它应该是政府、社会、公众共同寻求公共事务共识的一种动态过程。③ 舆论与政治密切相关,所以如果从政治与社会的互动来理解公意,可以有如下几种关系。

(1)公意关乎利益和利益分配的问题,而政府的主要功能就是在社会中进行利益的分配。公共政策执行过程中的公意与现实的利益分配密切相关,涉及公与私、不同相关者和群体的关系。

(2)公意参与公共治理的过程就是协调处理各种利益关系的过程,在这个过程中如何通过聚合公共意见,进而参与分配机制并实现公共性是当下的重要话题。如何在个体、群体、社会、国家之间达到均衡,考验着各方的智慧。

(3)公意应该在政府与公众、不同阶层之间的协商和对话的过程中确立,它不是政府单方面的意愿,这种对话应强调其有效性,并给予公众一定的话语权。

(4)政府及相关政策不会保障所有人的利益,但是公权力在对此种关系民生的利益分配问题做出最终裁定之前,需要建立一种相关者的知情权和话语权的获取通道,并以最大智慧达成共识,这是政府行为合法性的基础,也是舆论引导致效的最终途径。

审视舆论的发展历史,20 世纪 70 年代以来的西方主流意识形态以不同的方式重写了政治经济学理论的基本话语,诸如言论权利、自由、民主等理论的传

---

① [法]卢梭:《社会契约论》,转引自陈力丹:《舆论学:舆论导向研究》,上海交通大学出版社 2012 年版,第 28 页。

② 刘建明、纪忠慧、王莉丽:《舆论学概论》,北京大学出版社 2009 年版。

③ 张成福、李丹婷:《公共治理与公共利益》,《中国人民大学学报》2012 年第 2 期。

统主题,被内化为舆论研究回避不了的焦点性论题。政治是舆论探讨的核心问题,随着后真相时代的到来,西方国家也面临着舆论困境,新媒体参与政治的现象越来越受到研究者的关注。美国式民主建立在欧洲启蒙思想的基础上,科技的进步有利于扩大公民的政治参与,舆论研究中的对抗、冲突框架,协商、共识框架都为我们理解舆论提供了很好的解读视角。国家层面的舆论观更多地与政治和利益分配相关,学术层面的舆论观经常被视为一种沟通现象,但以沟通为基础的交往所达成的共识并不是我们认识舆论的真正起点,舆论内涵中的政治性才是真正的前提,不了解这一点就会影响舆论理念观照现实的解释力。

　　舆论有时被理解为一种"社会关系"或"社会秩序"。一方面,舆论要摆脱体制化困局,重新回归社会生活,使其所指引的社会治理实践不再只是治理技术;另一方面,舆论所指向的制度必须有道德伦理和文化价值的意义支撑,不然在根源上就无法找到其正当性和合法性。这也是舆论研究不得不面对的困境与悖论。

第三节　舆论引导:现代国家意志下的秩序建构

　　舆论的研究需要关注国家与社会的沟通互动。在研究者中有一个共识,即公众舆论是一种超群的沟通现象。① 从国家权力—公民权利的维度论述现代国家的舆论问题时,以民意为基础,有时会把问题简单化为"多数人的意见"即民意,又或以媒介和精英的意见进行论证,这都是以简单的技术性知识来衡量复杂的充满智慧的实践性知识,因为多数人的意见的建构中充满了各种权力的角力与权利的张力,还有内部之间的复杂张力。不同历史时期,不仅舆论的实现主体和实现方式不一样,而且国家建构的阶段性需求也不同,民意诉求在不同时期很难一致。但是在实践过程中很多研究者所推崇的是最终结果的"舆论",也就是西方社会经过长期社会文化历史演化而来的终端性的模式,而不是发展过程。

　　近代国家治理是模仿的政治,如何阐释近代中国的政治处境和历史命运,按照西方的理解来加以把握和规划,就是建设一个建立在科学与民主基础上的

---

　　① Slavko Splichal, *Public Opinion and Democracy*: *Vox Populi-vox Dei*? Cresskill, Newyork: Hampton Press, 2001, p. 5.

现代民族国家，这是近代中国政治的目标。① 民族的命运，政治的意义，几乎可以用请进赛、德两先生来概括。欧洲的启蒙运动以工具理性为图腾，而五四新文化运动形成的政治文化则以西方的思想历史为教条，由于它无法以西方的历史为鉴来理解自己的历史，只能根据苏俄的状况来规划自己的未来。② 因此近代中国的舆论其实并不是在真正的本土历史背景下形成的，更多的只是利益诉求和利益分配的制度博弈。中国的现代舆论引导应着眼于从"共同体"的角度来判定一个现象或制度在何种意义上是"集体"的，从而致力于挖掘现代社会的各种分化秩序中的所谓"集体因素"，以及这些不同秩序之间在社会机制、结构和系统意义上的关联。③

　　时代虽然改变，但现代国家所面临的突出问题与古代社会的难题依然没有太大不同，即国家意志的建立与贯彻，从微观上说即人的心灵秩序问题。英美经验的国家舆论观似乎有意淡化国家而强调自由，刻意地建构起"社会契约下的自然权利"。但现在的热点舆情事件让人们再一次审视所谓的西方自由思想，并产生新的认识。其实发达国家在建构现代国家中依仗的也是强有力的国家权力，任何国家都把国家认同当作头等大事，不然必然影响政权的合法性。所谓"舆论"建构的现实语用指向，并不只是简单的个人主义内涵的确立，或国家向社会放权的问题。客观地说，它需要国家的顶层设计和社会来理性分析公民诉求，然后有序地满足民众的不同诉求，并把培育以集体服务为导向的公共理性精神作为目标，最终完成现代国家的建构。现代化中不同的国家—社会关系、中央—地方关系，塑造着不同的发展道路，因此诉诸国家意志的舆论引导远比一味强调自由内涵下的"舆论"重要得多。

　　中国传统社会把舆论等同于一种教化与控制机制，把人的社会性看成是以个人利益为前提、保证共同利益的道德规则，而现代社会不信任个人和社会内在的一般道德准则，根本上把社会性的维持建立在外在的国家权力统治上。④ 当然，对于一个国家来说，风险和挑战是并存的，如何找到有效的应对方法，笔

---

① 张汝伦：《从教化到启蒙：近代中国政治文化的起源》，《复旦学报》（社会科学版）2009 年第 2 期。

② 张汝伦：《从教化到启蒙：近代中国政治文化的起源》，《复旦学报》（社会科学版）2009 年第 2 期。

③ 李猛：《"社会"的构成：自然法与现代社会理论的基础》，《中国社会科学》2016 年第 10 期。

④ 尹树广：《生活世界的现实及其价值维度》，《哲学研究》2003 年第 1 期。

者认为应该让生活本身直接显现它的内在逻辑,而不是用工具理性建构所谓的现代生活秩序。在现代舆论话语文本中,舆论不仅是对象符号,而且是自身行为价值的依据。

当下,移动互联网越来越明显地指向非政治的人的普遍交往关系,舆论话语逐渐介入另一个现实发挥作用。集体认同曾构成了舆论主体历史符号的重要内容,个人既是抽象的纯粹个体,也是现实生活的实体。现实生活的割裂让公众生活在互联网的世界中成为景观现实,而生活现实却成了虚拟的彼岸。这种分裂不仅存在于舆论与意识形态的建构中,生活世界中也存在着多重分裂。①这种分裂是价值转型过程中不同层次的"行动者"在观念和利益冲突下的必然走向。而对于舆论主体真实存在的本土化构建意图来说,最大的障碍除了实证主义,还有中国传统思想中根深蒂固的政治文化思想。

---

① 尹树广:《生活世界的现实及其价值维度》,《哲学研究》2003 年第 1 期。

第三章 舆论主体在社会变迁中的内在演化

本章讨论了公众的自主性、社会性及历史性等特征,重点通过考察公众认识观念的内在演化来讨论舆论在 20 世纪的变迁,进而从社会转型与新媒体技术变革的历史语境入手,探讨公众开展公共讨论的过程和特点;同时,通过对舆论主体背后的语义向度分析,为舆论研究找到一种甚至多种可能的理论途径。本章的研究目的是在国家、社会以及中国特色社会主义经济、政治与文化建设的视域中,透视当代中国社会变迁与个人公共意识生长的关系,为促进我国舆论研究中"公意"的现代生长提供一个理论分析框架。

第一节 舆论主体观的中西、古今比较

一、"主体"观念与特征

主体作为实践者,是社会历史性的存在。西方先哲对"主体"一词也有过很多论述,其中福柯从知识、话语、权力的生成来认识主体,利奥塔提出主体存在于交往系统的结点,哈贝马斯强调主体的生成性,等等,这些都阐释了主体作为实体存在的后天生成性。从"主体"的概念出发,在社会中进行舆论表达和公共讨论的社会公众,具有独立的人格和自主性,构成舆论的主体。公众对舆论形成具有重要意义。舆论主体应该是对具体的社会现象和问题有相近看法的人群。陈力丹教授认为,成为"舆论主体"有两个必要条件:一是公众的自主意识,二是对意见的自主表达。否则,公众意见也许并不是真正来自公众。[①] 但同时

---

① 陈力丹:《舆论学:舆论导向研究》,上海交通大学出版社 1999 年版,第 33 页。

也有一种观点认为公众是被塑造出来的。①

由观念、行动与行动结果构成的复杂网络与结构就是人类社会。人类社会赖以存在的关系网络与结构离不开理解与沟通,在此之上形成的共识是舆论的根基。当这种共识成为人们做出行为及评价的根据时,就成为规则和社会秩序状态,反过来使得这种社会秩序状态或者说人类社会得以持存与发展。从利益共同体的角度来看,对舆论主体内涵的有效认识需要将主体结构、社会性价值联系起来加以考虑。公众作为一种政治纽带与其他既存社会纽带及身份(如阶级、族群与性别)等范畴的连接与挪用共同确立了舆论主体研究包容和排拒的边界。公众,在此语境建构下,绝非意味着舆论主体的自由、权力与社会服务的不断积累与扩大,而是指向社会、政治与道德斗争赖以进行的场域,其所构成的乃是一个权力冲突与支配的空间。②

二、西方舆论主体观

没有广义的交流或公共讨论,就没有舆论,也不可能有公众这样的群体组合形态。研究舆论,其实质是探讨公众的形成过程,进一步说就是探讨公共讨论如何发生,进而在社会生活尤其是政治生活中如何展开并发挥作用。③ 也就是说,在社会、组织和制度之间要有一个机制将其相连,宏观层面表现为意见如何形成并如何影响社会,微观层面则表现为公众成员对公众议题的形成起了什么作用。

舆论主体研究充满现代性意味,其精神旨趣与西方现代化的历程密切相关。西方现代化的精神核心在于其内在精神秩序走向自主的生成过程。而舆论主体研究恰是探讨人的世俗化的过程。现代化的现实层面是以主体性的现实人,即以身体活动为基元的人颠覆传统的宗教——形而上学的人。④ 西方社会在塑造人的过程中形成了个体与社会的二元概念结构,并在自我保存与社会性的张力关系中形成了个人应该如何身处于社会中的思考。当下探讨的公众

---

① 赵毅衡:《符号学》,南京大学出版社 2012 年版。转引自李双龙、郑博斐:《舆论主体及当下国内舆论的焦点诉求》,《当代传播》2014 年第 5 期。

② Robert Alejandro, *Hermeneutics, Citizenship, and the Public Sphere*, Albany: State University of New York Press, 1993, p. 39. 转引自许纪霖:《现代中国思想的核心观念》,上海人民出版社 2011 年版,第 304 页。

③ 潘忠党:《舆论研究的新起点:从陈力丹著〈舆论学:舆论导向研究〉谈起》,《新闻传播评论》2002 年第 1 期。

④ 樊志辉:《"实践哲学"本土化视野的价值与误导》,《学术研究》2004 年第 1 期。

概念包含了个人尊严、平等与权利等西方政治体制强调的诸项核心价值。如果以整合社会结构的立场来看,舆论存在于一种象征性结构的符号体系中,象征着话语立场和权力。舆论需要被引导,从而在社会结构中塑造个人、群体的同一性。

三、中国本土舆论主体观

古代社会的知识分子追求信仰伦理并意图在某种神圣的秩序中发现与确定自己的位置。对舆论的内在文化合法性和个体的价值依托的探寻构成了本土舆论研究的主题。比如宋代个人意识觉醒,知识分子衡量社会变化的尺度不是时间,而是一种内在的尺度,即理势。① 现代社会的个人权利之于制度设计的重要性日益凸显,公域和私域的边界逐渐清晰,国家—社会中的舆论问题随即成为重要议题。②

考察本土舆论观需回顾传统,因为传统总是潜移默化地影响着现代人的观念。与传统舆论基于自然的本质意志所形成的统一体不同,现代舆论所代表的共同意志作为一个统一体应该是在舆论个体的自由选择基础上建立的集体人格,是一种耦合意义上的统一体,是一种人为的拟制。舆论主体的精神内涵既存在于过去,也在当下延展,它存在于现代人的行为和思想方式之中。进入现代生存语境后,现代公民就处在现代性的历史巨变中,他们的个人主体性与自我意识的生成以及在时代中所体验到的分裂与抗争,都已成为一种普遍的生存状态与特定体验,舆论带给人们的反思,以及它所代表的与过去的断裂,都表明了主体舆论研究的复杂性。我国漫长的古代社会结构,将血缘、宗法的伦理法则上升为国家的政治法则,国家与社会高度一体化,消解了私人生活空间。③ 在中国本土,舆论主体研究也可以作为一种社会个体价值理想及其评判尺度的研究。舆论主体所映射的生活世界全面反映了人的交往关系。交往是一种真实的关系,舆论主体所表现出的生活世界不过是这种关系的主观反映。舆论主体所体现的控制关系和交往关系可以在符号化层面上得到揭示,显露无意识结构。这些结构形式规定着舆论主体最初的文化含义,规定着人的原意。④

---

① ［美］田浩:《朱熹的思维世界》,江苏人民出版社 2009 年版。
② 肖尧中:《国家—社会关系与舆论引导的相关性探析》,《当代传播》2013 年第 1 期。
③ 吴予敏:《无形的网络:从传播学的角度看中国传统文化》,转引自陈力丹:《舆论学:舆论导向研究》,上海交通大学出版社 2012 年版,第 33 页。
④ ［法］克洛德·列维-斯特劳斯:《结构人类学》,张祖建译,上海译文出版社 1995 年版。

研究舆论主体是一种从现实出发,注重发展变迁、注重相互关系的研究范式。马克斯·韦伯说,人既无法离开自己所编织的意义网络,同时也无法离开自身所处的生活网络与社会网络。当社会生活形式产生深刻变化之时,便与一种新的思想产生亲和性的关系,用日常生活世界的分析,或许可以把握思想与生活之间相互依存的关系。① 因此可以这么说,公众需要进行个体独立思考,然后才能具有真正的舆论表达和参与理性的公共讨论的能力;换个角度来说,理性的公众的形成有赖于一个相对理性的氛围。作为舆论主体的公众是一种社会性的存在,公众的舆论表达是一种社会性的实践。② 当下,传统社会的舆论环境转变为网络生态的景观社会,中国社会结构的变迁不断引发社会关系的重构和社会文化的转型,作为社会晴雨表的舆论在这一背景下必然发生主体的转型和重构,而中国本土的实践恰恰在这一点上做出了有益的探索。

第二节　舆论主体论述的历史局限

一、关于"个体"的论述

本节透过舆论主体结构中"公众"与"臣民"这一组二元结构来理解公众的概念。从历史传统上来看,中国民众在国家政治生活中是长期处于消极被动的"臣民"角色。回顾19世纪西方列强侵略下的中国社会,当时国家兴亡已到了紧要关头,在民众认知上,"亡国奴"成为一个重要的角色符号,这种由全球性权力结构所衍生出的"亡国奴"论述,被知识分子用来对中国内部政治构造进行反省与批判。

如果从思想发展的角度回顾"个人"在近代中国思想中的鲜明特色,可以从儒家的内圣外王思想与西方自由主义中的个性发展理念中找到依据——不是像西方启蒙传统中权利的个人,而是中国式的人格化的个人,即道德和意志自由的个人。③ 晚清时期所倡导的民意,突出的不是西方式的个人权利,而是自我

---

① Max Weber, *From Max Webertr: Essays in Sociology*, Oxford University Press, 1958, p. 280.

② 李双龙、郑博斐:《舆论主体及当下国内舆论的焦点诉求》,《当代传播》2014年第5期。

③ 康有为:《实理公法全书》,转引自许纪霖:《现代中国思想的核心观念》,上海人民出版社2011年版,第213页。

的解放和自主的人格。严复笔下的国民,是一个具体的、组成国家的个人;受到欧陆和近代日本思想影响的梁启超所理解的国民,则是一个集合概念,是卢梭式的整体性的人民。① 个体与群体的关系一直是思想史上关注的焦点,西方个人主义的政治和伦理价值观强调个人主权的立场及个体的自由性问题,并指出这是个体能向群体负责的保证,这些观点虽有其历史局限性和时代、阶级特点,但在当时的中国所起到的启发民智的作用也是不容低估的。

"团体自由者,个人自由之积也,人不能离团体而自生存"②,梁启超对舆论主体的理解中,个人的权利与自由在价值优先性上始终位于群体的权利与自由之下,个人或个别国民的自由与权利固然有内在价值,不过,其真正意义源泉,却是在巩固国家权力、保障群体生存上所能发挥的工具性效用。③ 梁启超在谈论国家时,越来越多地强调个人,强调个性发展和思想解放。借助国家的他者意识,当时的思想家第一次意识到个人的权利。严复认为,在国家与个人的关系中,最重要、最复杂、最困难的是划定国家、政府对个人管制的边界:"纯乎治理而无自由,其社会无从发达;纯自由而无治理,其社会且不得安宁。"④在中国,被唤醒的"自我"的符号即"自我"意识是与伦理道德结合在一起的。

对于这种国家与个人的关系的解读,社会主义者认为,在西方的政治论述中,国家是"市民社会"形成的最为重要的条件,只有国家形式才能提供超国家形式的内在动力。马克思指出,现代世界的特征就是人脱离共同体而存在,"凡是公社成员作为私有者已经同作为城市公社以及作为城市领土所有者的自身分开的地方,那里也就出现了单个的人可能丧失自己的财产的条件"。⑤ 社会主义者认为个人的发展需要把自我和社会充分结合起来,个人发展不能脱离社会而存在。在中国语境中,以群而治与传统伦理道德是密不可分的,个人意识的觉醒需要融进民族觉醒的洪流之中。

二、舆论主体的交往关系

舆论主体问题是在现代社会形成过程中伴随着政治制度重组、社会构建和

---

①　许纪霖:《政治美德与国民共同体:梁启超自由民族主义思想研究》,《天津社会科学》2005 年第 1 期。

②　梁启超:《新民说八论自由》,载《梁启超文集》,线装书局 2009 年版。

③　Hao Chang, *Ch'i-ch'ao and Intellectual Transition in China*, pp. 197-198.

④　严复:《政治讲义》,载《严复集》第 5 册,中华书局 1986 年版,第 1279 页。

⑤　《马克思恩格斯全集》第 46 卷上册,人民出版社 1979 年版,第 494 页。

现代主体的生成逐渐浮现出来的。舆论的历史主体可以在具体关系中连接诸多分化领域。对于舆论来说，规定主体交往内容的，不是舆论本身，而是社会历史条件与时代。从晚清到五四，传统社群被批判，大我的解体使个人从家族、地缘和信仰共同体中出走，成为独立的自我。[①] 对人们生活起着规范作用的传统社会的价值权威走向瓦解，现代社会虽已萌生发育，但其价值规范体系远没有建立。因此当传统的共同体式的生活被打破，个人身处于复杂现实之中，利益差别和价值观的多元化使得当时的民众难以建立普遍认同体系。当时的舆论宣传主要是作为一种表达意识形态的符号，在特定语境中阐释意识形态的宗旨。

五四新文化运动是在帝制已经瓦解的语境中进行的爱国运动，五四时期的时代语境赋予了伦理新的意涵，对传统中国的各类束缚人们的伦理共同体进行了批判。在这种社会潮流下，传统的宗族、家族、地缘和血缘共同体被解构，作为现代个体的人也从宗法、族规甚至社区的各种伦理和政治关系中解放出来。在这种社会背景下的人的自我觉醒又培育了人们对各种新形式的共同体的渴望，让人们重新思考传统伦理中自我与共同体的关系。旧的社会形式迅速瓦解之际出现了一个迫切问题，即如何界定自我与社会之间的关系。[②] 在这种情境下个人的全面性维度中包含着人与人之间真实的统一关系。从哲学意义上说，群体与个体是辩证统一的关系，具体表现在：群体是个人实践整体化的必然结果，同时个人实践的超越性又是优先的。

三、近代中国基层社会整合与公众交往

近百年的社会历史的发展在中国农村社会结构中可以看到明显的印记，农村社会一直在发生着急剧的变迁。费孝通先生曾对中国传统乡土社会的结构进行分析，认为整个熟人社会的纽带是基本的人际信任[③]，传统的乡土社会是一种"礼治"和"无讼"的秩序结构，实行"皇权不下县，县下为乡绅"的基本治理策略，同时实现了地方社会最低层次的稳定与有序。对于基层社会来说，国家与农村社会的分离强化了士绅阶层管理乡村的机制，社会整合机制靠的是礼俗，

---

① 王汎森：《从新民到新人：近代思想中的"自我"与"政治"》，载王汎森等：《中国近代思想史的转型时代》，联经出版事业股份有限公司 2007 年版，第 180 页。

② 许纪霖：《大我的消解：现代中国个人主义思潮的变迁》，载邓正来主编：《中国社会科学辑刊》春季卷，复旦大学出版社 2009 年版。

③ 费孝通：《乡土中国 生育制度》，北京大学出版社 1998 年版，第 7-10 页。

而不是法律、法规,这种存在弥合了国家与农村基层社会的断裂和区隔,不仅促使上意下达,而且推促下意上通,联络官民。① 在这一政策的影响下,地方社会一直以社会整合为主,而在国家层面的治理却不突出。直到国家政权层面开始推进工业化战略,对基层的政治整合能力才开始重视起来。1905 年,科举制的废除使国家的基层秩序因失去沟通的介质而日趋动荡。当时的社会思潮认为社会动荡、国家衰落的原因是传统文化的落后,于是整个思想界掀起了对传统文化的质疑和批判。西方思潮在此时机下的进入,更是动摇了传统文化的正当地位及合法性,地方社会原有的单向度整合方式面临危机。

支持这种单向度社会整合的社会管理机制催生了新的对于"人"的管理机制。就当时的社会语境来说,整体的社会动员能力对于国家的存亡极其重要,意识形态成为关系国家存亡的新的建构性话语。五四新文化运动表征了知识分子群体对传统文化合法性的质疑,他们进而对乡村社会的习俗、规范价值的合法性进行了颠覆。当时,人的个性被压抑,因此在社会与人的个性的矛盾中,需要重视个性解放。陈独秀和李大钊等革命家都意识到,社会主义不是排斥个人自由,相反,真实的自由不是扫除一切的关系,而是在种种不同的安排整列中保有宽裕的选择机会。②

第三节　互联网时代语境下"新公众"的塑造

随着互联网时代的到来,以及人与人相互沟通的物理边界的变化与超越,信息的流动淹没在技术手段的不断更新与现代性意识流动之中,人的内心重新面临确定性消失、空间重组及文化空间不断变化的困境。原有的舆论引导技术垄断被打破,文化内涵面临再生产。网络风险此起彼伏,原有的个人认同基础和安全意识被本体性焦虑取代,政府和官方媒体的舆论引导遭遇了文化危机。

科技理性与价值理性分离,会成为社会危机的根源。③ 技术在人们的传统界定中是作为工具或手段出现的,但是其属人的性质不应被忽视。但技术又不

① 狄金华、钟涨宝:《中国农村社会管理机制的嬗变:基于整合视角的分析》,《吉林大学社会科学学报》2012 年第 3 期。

② 王铁仙:《两种中国文化传统:区分、辩证与融通》,《中国社会科学》2010 年第 9 期。

③ 〔德〕胡塞尔:《欧洲科学危机和超验现象学》,张庆熊译,上海译文出版社 1988 年版,第 9 页。

仅仅是工具,更是当下技术语境下个人自由地抉择与取舍信息的手段。而从当前的大数据时代和智能化时代的未来远景来看,技术理性主义的文化信念——人可以凭借技术摆脱孤独和有限存在境遇,将直接导致把人单纯地当作科学和技术处理的客体,消解了伦理维度,导致人与人的异化。①

舆论在现代社会被人们理所当然地视为一种社会治理技术,这种技术属性只是从一个侧面显现出来的部分特征,不会改变舆论与人及其"生活"的本质同一性,也不会改变舆论引导的伦理与道德之"善"的内在本质。舆论通过现代科技展现了作为"社会治理技术"的心理影响过程,而作为引导主体的政府,其通过技术表达的意愿及能力,最终也要回归到人本身,即取决于受众的理解能力和知识整合能力。就舆论引导的有效性来说,起决定作用的是受众的具体使用情境和生活世界,建构一个公共理性的讨论机制对真正的舆论引导至关重要。舆论引导这个行为中,在技术与使用者的相互建构过程中,使用者对技术进行着消费、改进、设计、重构、组建及对抗等活动,技术本身所蕴含的知识开始扩散和转移,技术内含的设计者的价值诉求和生活世界中使用者对物的价值诉求之间开始博弈和协商,技术使用者的责任意识和伦理体系也开始培养建立和强化。②《人民日报》2017年三篇痛批算法的文章正是对此观点的解读。当今以今日头条、一点资讯为代表的智能新闻客户端,凭借强大的算法、先进的数据抓取技术,能够精准分析并解读用户的阅读习惯和兴趣,从而为用户提供量身定制的新闻产品,满足了个性化的需求,顺应了阅读分众化的时代潮流。技术、代码、算法替代了传统内容分发过程中专门把关内容的编辑。我们迎来了信息定制化、传播智能化的时代,但我们也可能在信息茧房里进一步缩减理性、开放、包容的公共空间,从而失去在争议中达成共识的机会,走向创新的反面,甚至可能从根本上破坏创新的原动力,因此当下社会呼吁更理性、健康的舆论空间。③

在对社会进行治理的过程中,不仅仅是应用治理技术进行社会系统整合,在整合的过程中还有思想意识领域的深刻变化。新的一元性规范整合模式可

---

① Hannah Arendt, *The Human Condition*, Chicago: The Universityof Chicago Press, 1998, pp. 305-306. 转引自丁立群:《实践哲学:两种对立的传统及其超越》,《马克思主义与现实》2012年第2期。

② 陈凡、陈多闻:《文明进步中的技术使用问题》,《中国社会科学》2012年第2期。

③ 《人民网一评算法推荐:不能让算法决定内容》,人民网—观点频道,2017年9月18日;《人民网二评算法推荐:别被算法困在"信息茧房"》,人民网—观点频道,2017年9月19日;《人民网三评算法推荐:算法推荐背后,其实是今日头条优质内容生态的缺失》,人民网—观点频道,2017年9月20日。

以运用理性和科学的工具,以及公意和集体良知,取代传统的一元性规范整合模式。由于工具理性主义的影响,舆论引导很容易被简化为管理技术的应用和实现的过程,沦为执行与管理的工具,忽视了对其背后的人的公共价值的思考。舆论引导的创新不应仅依赖于管理技术的创新,更要重视使用技术的人即使用者,新闻传播的实质最终是要实现舆论引导技术与作为舆论引导主体的使用者之间的可持续发展和协同发展。

英国哲学家齐格蒙特·鲍曼(Zygmunt Bauman)说,生活总体上的私人化意味着选择的自由和尝试各种生活方式的机会的增加。涂尔干也说过:"当国家进入分工状态时,人的个性开始成长,个人的反思和批判意识得以培育。"①政治价值系统只有通过个人的理性批判和反思机制进入个人的国家认同,才能真正发挥效力,如何构建真实有效的集体层面的政治价值系统至关重要。② 现代性作为一种思想观念和心智结构,主要强调改革和更新并执迷于个体及其意志自由,但其过分强调科学和理性促进社会进步的作用却导致了实用主义如消费主义的盛行。因此个人与社会的真正统一关系根本上立足于生活世界的本质。

今天的文化建设过程也是培育公众公共理性的过程。人是一个社会性的存在,是社会关系的总和。人的交往属性,是以文化的传播为基础的。③ 公众只能产生于一个存在交往互动的社会当中,需要在一个共享的文化语境集聚并产生联系和互动,才能构成舆论。"大众"不等同于"公众",公共讨论对于公众形成具有重要意义。舆论的定义格外强调"公众"针对有关自身或集体利益价值的争议性议题展开公共讨论的过程。④

公众的社会性意味着公众与社会间存在互动。公众的信息选择、观点形成和舆论表达都源于其脑中既有的世界图景,作为特定历史时空的人与社会之间形成了复杂的话语交往空间。这个公共的话语空间在近代中国作为权力系统的批判力量构建了生活世界。⑤"民"作为主体在传统舆论观中被误读了,自启蒙运动开创"现代"及"理性"社会以来,个人在寻找文化认同的路上不断求索,

---

① [法]涂尔干:《社会分工论》,渠东译,生活·读书·新知三联书店 2000 年版。

② 金太军、姚虎:《国家认同:全球化视野下的结构性分析》,《中国社会科学》2014 年第 6 期。

③ 陈力丹:《精神交往论:马克思恩格斯的传播观》,中国人民大学出版社 2008 年版,第 4 页。

④ 李双龙、郑博斐:《舆论主体及当下舆论的焦点诉求》,《当代传播》2014 年第 5 期。

⑤ 侯杰:《〈大公报〉与近代中国社会》,南开大学出版社 2006 年版。

并没有因为时代改变而发生变化,其中传统文化就是大众的"生活世界",也是具有真实有机生活的"共同体"。无论是从作为个体的舆论主体还是从舆论所处的社会环境而言,舆论都代表了一种处于观念和文化系统底层的基础性理念。公众舆论在现代社会中扮演着重要角色,承载着使政权合法化的功能。①

舆论引导是国家管理技术的重要构成,作为一种国家治理技术,不仅仅是国家执政能力的体现,更与一种新的公众的塑造联系在一起。② 媒介技术的现实发展正在和日益紧密的社会控制结合,构成了对个体自由和多元文化的威胁。这一现实是现代性的传媒困境,因此对舆论主体的考察不能局限于国家建设的变迁与再建构的宏观研究层面,还应注重微观化的权力结构和控制机制。

社交媒体主客体之间的互动过程所涉及的机制、知识或观念,绝大多数与个人的具体特征或具体的人际关系有关,这与传统社会中的互动主要建立在个人特征和人际关系的基础上是一脉相承的。而新的人工智能技术则构建了另一种数字资本主义的机制。因为信息社会的想象不仅是对技术的想象,更是对社会制度、文化和理想社会的想象。社会想象作为一种集体理念是通过对社会的定义和理解来塑造社会的形成与运作的,具有能动性。人工智能技术其实深深嵌入在现代社会的政治冲突、经济结构及文化价值等一系列社会想象之中,是一种高度形塑社会的现代技术,建构在特定社会对信息技术的主流想象上。很多学者对生产关系和经济制度避而不谈,一味强调发展方式,使网络和新媒体因看似代表了一种新的生产方式技术而具有某种超验色彩。新技术的研发和应用,实质是社会资源的分配与再分配问题,这正是人与人的社会关系与权力关系的体现。因此,对于技术的人文层面需要进一步反思,对科学技术发展的讨论一定要回到根本性的政治经济问题,即人与人的社会关系和权力关系,以及技术的不平等问题上。也就是说,在推动公众加深对共同生活、相互交往的理解的同时,还要在话语和交往关系的深层结构的互动中不断塑造舆论主体。

①　Slavko Splichal, *Public Opinion and Democracy: Vox Populi-vox Dei? Cresskill*, Hampton Press,2001,p.5.
②　李猛:《论抽象社会》,《社会学研究》1999 年第 1 期。

第二编

舆论　基层　社区

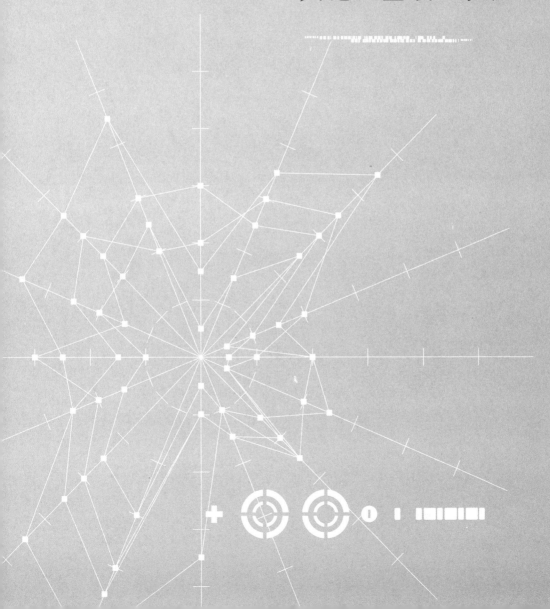

第四章　政府舆论引导的路径与公众认同

舆论引导作为一项特殊的宣传实践活动或社会教化过程,是社会系统中的一个子系统,是维持现有社会正常运转、支撑社会良性运行的一个重要部分。从某种意义上讲,舆论引导是一个让公众形成认同的过程。经济学家道格拉斯·C.诺斯(Douglass C. North)曾说:"任何一个成功的意识形态,其基本目的都在于促进一些群体不再按成本与收益和个人的计算来行事。"①因此舆论引导作为一种国家治理技术,不仅要体现国家执政能力,还要让公众产生心理认同,这样才能更好地维护社会秩序,增进公共利益。本章将从公众认同的角度对舆论引导做一些分析。

第一节　社会文化变迁与公众认同的困境

舆论一词的义项"公"(public)在中国传统文化中主要指政府的利益和价值,很少涉及社会生活②,其现代意义"人民主权"的理念也是在政府与公众频繁的互动实践中逐步演化成形。相应的,舆论引导的理念构建也可以从国家历史文化的演进中寻求一种"认知惯例"。回顾历史,传统中国社会中无论是儒家对伦理纲常的强调,还是道家对自然无为的推崇,其本质都是把个人纳入一种给定与自在的关联之中,让人可以凭习惯和经验生存。无论是个人还是群体都处于相对稳定的社交圈子中,伦理纲常本就内含对人的个性的压抑,这种认同的内化对于当时政府的意识形态建构而言,可谓是水到渠成,即使产生一定的认

---

① ［美］道格拉斯·C.诺斯:《经济史中的结构和变迁》,陈郁、罗华平等译,上海三联书店1994年版,第59页。

② 陈弱水:《公共意识与中国文化》,新星出版社2006年版,第99页。

同徘徊,在家国同构的情况下终究消弭于无形之中。① 新中国成立初的中国社会是政治中心、经济中心同一,资源、权力高度集中,国家与社会合为一体,国家因此具有很强的动员与组织能力,也就是我们常说的"总体性社会"。② 这种社会结构具有进行大规模组织动员群众的优势,建立了一种新的基于政治行为和忠诚之上的关系网络和整合方式。此时,舆论代表的是建立在集体主义之上以人民为名义的国家整体利益,个人只是整个革命机器中的螺丝钉,这个时期的舆论与意识形态高度统一,舆论引导相对比较简单,一定程度上规避了传统集体主义的弊端,重建了人的主体性。

当下,中国社会面临着总体性消解、社会整合机制削弱、市场经济不够完善和社会各领域错位的现状,利益冲突和价值碰撞多发,公众虽有了个人权利意识,但由于公共生活的缺乏,相应的义务感和责任感还比较淡薄。现代社会中很难找到像传统社会中的那种一致性的规范整合机制,这种机制的作用也就是现代意义上的舆论引导所期待具有的功能。传统价值观不再是人们共享的道德理念,如今似乎更像是一种实用知识,相应的,道德与伦理也成为一种个人取向。但从另一个层面看,中国社会仍然是"差序格局"的社会。③ 比如网络上的很多事件,没有显见的意见中心和组织载体。笔者在对江苏拆迁农户的调查中发现,有些村民与自己的亲属形成同盟,面对政府征地采取上访或漫天要价等手段,逼迫地方政府拿出更高的补偿款,这种民间的上访要钱以"公共性"诉求的面貌呈现,具有带动效应,给地方政府造成了极大的困扰。在当下语境中,政府对民众进行舆论引导的困境就在于既要面对市场机制的个人主义的工具化倾向,又要面对传统的差序格局的人情机制,因此当务之急是要引导加深公众对政府的信任并形成文化和心理层面的"公"与"私"的理性安排。

第二节　政府信息管控与引导公众理性认同

加强引导主体与客体的信任,有赖于国家制度的保障,首先要保障受众的

---

① 金太军、姚虎:《国家认同:全球化视野下的结构性分析》,《中国社会科学》2014 年第 6 期。

② 孙立平、王汉生、王思斌等:《改革以来中国社会结构的变迁》,《中国社会科学》1994 年第 3 期。

③ 费孝通:《乡土中国》,商务印书馆 2011 年版,第 26 页。

知情权。从国家治理的角度来看,对信息的控制和管理,一直是舆论引导重要而基本的内容之一。信息的沟通往复,也是塑造群体关系、社会风貌的重要因素;而其流转方法及形式,则反映着时代的特性、制度管理与权力运作的特有方式。不同的历史阶段,中央与地方对于信息的占有状态,呈现出复杂波动的情势。古代君主了解地方官员政绩,不仅是政治清明的需要,也是借以掌握基层动向、贯彻朝廷意旨、保证政令畅通的需要,直接关系到国家的政治命脉、统治效能,无疑至关重要。①

当前,纵向的社会管理体制被打破,横向的社会联系建立起来,传统社会控制体制失效,社会的"原子化"倾向使社会整合和联系弱化。但互联网的发展也为公众带来了有别于传统机构和组织框架的各种能力,包括分享的能力、与他人合作的能力、采取集体行动的能力。② 网络建构了微观公共讨论平台和情绪型舆论场,但由于舆论主体"不在场",网络情绪不是公众"理性讨论"的结果,而往往是"意见气候"的压力结果,因而不形成舆论。陈力丹教授曾指出:"舆论混杂着理智和非理智的成分,以情绪形式的表达,构成潜舆论;以规模行为的表达,构成行为舆论。"③网络上有很多内容接近的新闻报道,网络信息传播的轰炸效应,以及传播范围的无界化都是"潜舆论"形成的气候条件。鉴别能力弱的网民就很容易对一些所谓的"多数人的意见"产生认同感并采取一些非理性行动,从而导致潜舆论向行为舆论转化。更可怕的是谣言经过网络上一些潜移默化的转化机制后被网民接受,转变成群体性事件的导火索。在群体性事件早期,某些地方政府为了减小负面影响而试图将事件封锁或者控制传播范围;而在群体性事件中期,信息传播失衡,这时地方政府已不能有效引导,使事件严重性加剧。应对群体性事件的有效路径,是真正地贯彻政府信息公开制度,只有这样,公众对舆论对象的认识和意见才会相应地进行调整,并趋于理性。

只有以制度为基础,公众才会逐渐形成在舆论引导中的角色预期及面对公共事务时通行的惯例和规则,节约交易成本,减少机会主义行为。因此,需要在社会认知层面将公众参与的行为视为必然过程,并逐步培养理性的公众。

---

① 邓小南:《宋代信息渠道举隅:以宋廷对地方政绩的考察为例》,《历史研究》2008 年第 3 期。

② [美]克莱·舍基:《人人时代:无组织的组织力量》,胡泳、沈满琳译,中国人民大学出版社 2012 年版,第 17 页。

③ 陈力丹:《舆论学:舆论导向研究》,上海交通大学出版社 2012 年版,第 33、36 页。

第三节　生活实践与回归公众情感认同

安东尼·吉登斯(Anthony Giddens)认为,在现代性的情境下,变化的自我作为联结个人改变和社会变迁的反思过程的一部分也被探索和建构着。① 快速变化的社会环境让个体迷失,孤独感剧增,此时传统情境所能提供的心理支持就显得尤为重要。就社会语境来说,舆论引导要处理好传播与人的价值观一致的问题,尤其是要让核心群体对社会行为变革进行有效的感知并形成认同。新闻媒体作为社会系统的重要组成部分,是形成社会价值、建立社会规范和达成社会共识的重要推进器,不仅是一种宣传工具,更是沟通社会、组织社会、管理社会的一股重要力量。党的十八大明确提出要加强和创新社会管理,在社会管理创新中,新闻媒体要切实发挥社会舆论引导、社会利益表达、社会情绪疏导、社会关系协调、社会新闻监督、社会价值引领的职能,从而成为社会管理创新系统的一个重要组成部分,发挥其不可替代的重要作用。

舆论引导的制度化固然重要,但也面临一个问题,即经过"科学"和"技术"属性的嵌入而得到改造的"舆论引导"内涵,由于淡化了其道德价值属性而在"技术"的外衣下附着了更多的功能内涵,其在宣传领域的运用,有时不可避免地出现管理与人们的日常生活常识和公众情感的矛盾。舆论生成于人与人的精神交往中,所以人才是舆论引导的终端。对政府舆论引导的有效性的检验也不应仅看其作为一种工具对具体的目的行动是否有效,更应看其是否能激发公众情感深处的生命体验与根源感、家园感、归宿感等情感认同体验。地方政府政策的实施过程是参与其中的社会行动主体的互动关系被激活、展开与重构的社会过程,是需要生活实践和制度化了的规范力量引导的。可以这样说,利用民众情感认同,可以节省政府控调民情所需成本。

近年频繁发生各种涉及公共事务和公共安全的事件,各级政府部门被各类舆情包围。在地方治理中,各级政府及宣传部门在进行舆情的预警与研判时致力于运用各种技术手段,比如删帖、屏蔽敏感词等来平息紧急事件、解决问题、淡化公众对事态的关注,这种做法本身没有对错之别,但很多公共事件在本质上是诸多不同层次的"行动者"即公众被各种观念和利益网络冲击的过程,需要

① 　[英]安东尼·吉登斯:《社会的构成:结构化理论大纲》,李康、李猛译,生活·读书·新知三联书店1998年版,第524、133页。

执政部门在工具理性和价值理性中寻找新的平衡点,单纯强调技术治理不一定适合,反而容易强化政府与公众沟通这一行为的工具化倾向。以舆论引导在作为媒介的社区的实践为例,民间舆论、熟识信任、身份认同、父老权威都会存在于社区舆论引导的逻辑中。笔者在与江苏泰州基层干部的访谈中了解到,理性的劝告有时根本无法阻止上访村民的行为,他们只有在接受了来自公务人员的充满感情的引导时才会选择合作。所以有时公众认同不应当是一种"外在灌输"式的道德教化,而应当是生活世界内在的一种自觉选择。与舆论引导相关的制度的选择、设计、安排、建构和实际运作过程,不仅是一个政治技术合理化的过程,更是一个不断求寻社会公共意愿表达的过程。地方上的历史渊源和社会风貌建构着公众的文化心理和价值判断,固化着公众的认知塑造。公众情感认同是政府舆论引导不断成熟的保障。由于舆论本身也是"构成的事实",受到国家制度、社会文化、历史传统、网民结构等因素的塑造,并且也在参与实践中动态地变化,所以建构有效的舆论引导不能过分依赖技术的解放效能,也需要考察技术与国家、市场、社会的互动关系。①

第四节　农民的城市融入与新的公众认同

当代中国社会是一个集传统、现代与后现代于一体的多元异质社会,改革开放以来,城乡二元结构逐渐发生变化,资源和人口等要素频繁流动,这种流动带来了文化观念和行为方式等的碰撞,社会心理作为一种群体情绪和价值认同的社会心境状态,成为构筑社会结构的感应器。城市化的本质是人的空间结构与生态的重聚和形塑。2015 年 8 月,宁波梅山街道江梅社区居委会成立,是宁波梅山当地第一个社区。除了负责各个村落居民的拆迁安置工作,也在小区组织各类活动,同时推进便民、助民、惠民等各项政策的落实。三年来,江梅社区秉持着推进安置小区现代化、精准化管理的目标,向着建立更优质的城市居民服务体系越走越稳。很快,小区的道路比以前干净整洁了,设施维修工作效率提高了,医疗卫生服务资源开始引入了,休闲娱乐活动也多了,社区教育变得更加规范了,外出越来越便捷了,物质上的改变在慢慢地影响着一批批在这里定居的人。然而,当我们从研究的角度,以人类文化学的视角介入他们的生活,就

① 袁光锋:《互联网使用与业主抗争:以番禺反垃圾焚烧维权事件为案例》,《中国地质大学学报》(社会科学版)2012 年第 5 期。

会发现这个群体的一系列特点。他们在生活空间上已经城市化,而文化心理上却还停留在乡村社会。本部分访谈所涉及的内容恰好反映了这个农民群体进城后所经历的一系列生活上的现代化转变及通过不断的磨合、同化,逐渐对城市空间及其所代表的文化的认同、适应过程。在适应与同化的过程中,农民个人的城市化进程无形中与他们的现代化进程同步。很多农民所谓的生活转型与融合是以城市生活为参照的,似乎城市化代表了一种现代化的方向,代表了一种正统的变迁方向。相应的,农民社会心理和具体行为的调整,则更多地体现为一种文化适应。

"城市性"作为一种生活方式,是有别于乡村的一整套社会与文化特质。① 有人说,从微观角度看,现代化是指"个人改变传统的生活方式,进入一种复杂的、技术先进和不断变动的生活方式的过程"②,当然,对于农民来说,这种新的生活方式是以城市生活方式为参照的,而且是在对传统乡土文化的扬弃过程中发展起来的。

政府依赖资金投入以补偿与安置失地农民,在赋予他们相应的经济、社会地位认同的同时,心理关注方面是怎样的呢? 带着一系列困惑,笔者于 2018 年7 月—8 月在宁波梅山地区进行了一个月的田野调查。田野调查以现场情况的记录及深度访谈为形式,首先与访谈对象进行了开放式访谈,从日常生活开始谈起,引导采访对象尽可能多地表达自己的观感与经历,之后进行了半结构式访谈。(下文为绿岛新城居民具体谈话摘录)传统的乡土社会与特定城乡二元结构下形成的社会记忆也通过访谈展现出来。

居民 1:我们之前是梅西村的,梅西村是第一批搬过来的。现在这个小区,没人住的地方还好,有人住的地方都会弄得很脏乱。没有办法,像装修垃圾什么的都会堆得乱七八糟。我们当时拆迁是村子里安排的,在外面工作的年轻人,老房子都不住了,所以都愿意拆迁,像我们这样的老年人都不是很情愿,来了连活动的地方都没有,老年活动室也没有。以前我们可以走街串巷,可以打打牌,还有地可以种,现在一出家门就是共有的、集体的环境。之前住在一起的村民来到这里都被拆开了,与他们的交流也渐渐少了。社区活动有是有,每个月也会放一次电影,但也没什么人去看,对我们

---

① Louis Wirth, "Urbanism as a Way of Life", *American Journal of Sociology*, Vol. 44, 1938, pp. 1-24.

② [美]埃弗里物·M. 罗吉斯、拉伯尔·J. 伯德格:《乡村社会变迁》,王晓毅、王地宁译,浙江人民出版社 1988 年版,第 309 页。

这些老年人来说,他们放的那些片子我们都不太喜欢看。我儿子以前在梅山盐场工作,现在盐场拆了,他就没工作了,只能待在家里。

从访谈可以看出,居民 1 对目前的生活并不是很满意,而且对新的生活空间也不是很适应。

居民 2:我是 2016 年搬过来的,碑塔村的,是第二批搬来的。现在的家大概 90 多平方米,我以前的家有三间两层楼,我觉得还是原来住得舒服,刚来这儿的时候还是感觉不太适应,衣服也没地方晒。我们不跟这里的外来人口接触的,他们基本上都是来打工的。

过去的记忆对新的居民影响非常深,并不是生活空间的转移就能轻易转变的,对乡土的留恋构成了这类居民群体的主流心理。在时空转换中,社会记忆是很多村民保持认同的重要方式。

居民 3:社区里的活动基本上我都会参加。说方便的话我觉得还是在农村里生活更加方便,像洗衣服、晒衣服,在农村都是很方便的,地方也大。现在住在楼房里,洗衣服也不方便,晒衣服也不方便,河埠头现在水很脏,我也不太去那儿洗了。我们出生就是农民,搬迁过来的时候家里的田地被征收了,也是没办法,现在退休在家,平时跟小区里的人说说话,晚上吃完饭出去散散步,别的就没什么事了。我现在对自己的定位还是个农民,农民出身,一辈子就是农民,就算住在这个小区也算不上是城里人。

应该说,农民对传统乡土社会中所形成的各种行为和生活习惯还保留着强烈的认同。

居民 4:现在家里就我和老伴,有两个女儿在外头打工,一个女儿在碑塔村,一个女儿在梅中村里乔,自己开店做窗帘的。外孙是老师,住在梅中村。我觉得还是以前在老家住得舒服,在这里不自由。老伴信佛,常常在家里念佛,不太出来。

居民 5:我是从梅西的小山村搬来的,刚搬来一个月,我现在是一个人住,家里一些亲戚还没有拆迁所以就留在了原来的村子里。他们有很多人要到这个月 22 号二期开盘后才搬过来。现在家里还留有一点田,大多数都被征走了。我现在在家里工作,给工厂做加工,这个车库是我租下来的,加工机器都在车库里放着,我做好这些就给工厂送过去,在家里比在工厂上班要自由一些,有时候家里有孩子要来也方便招待。我女儿已经 29 岁了,嫁到舟山去了,一个月来看我一次。这边还是挺热闹的,晚上也会有很多人跳广场舞,我不会跳,一般都是吃好晚饭出来散散步。搬到这边还是会方便一些,像这里附近就有个学校,菜市场也离这里不远。我跟一起搬过来的外村人平时也没有太多的交流,偶尔接触一下觉得他们也都挺好的。我们农村人都比较好说话,都挺淳朴的。社区里的活动听说挺多的,我才搬来一个月不是很清楚。有些人很喜欢参与,但我不太喜欢所以也不是很想融入他们。我觉得晚上吃完饭去散散步就挺好的。

这种生活中的熟悉感与认同感的建立要经过一个持续不断的磨合过程。在城市化过程中,他们还能保持传统社会文化网络的原因在于,农民生活本身是依存于农村社会的各种关系中的,并对城市主流文化构成排斥。

居民5:社区环境是要比农村好,而且常常会安排一些关于用电安全、健康类的讲座,这些是农村里没有的。我现在也会回村里看看,每次散步的时候都会去那边转转,也不是很远,来回40分钟。过去我们虽然是农民,住在农村里,来了这边以后觉得条件什么的也差不多,所以城市生活也没有和我们想的相差太远,可以接受。我们家以前其实条件都挺好的,家里房子有300多平方米,国家修路要拆迁我们也没办法,舒服肯定还是老家舒服。

心理的边缘化让很多农民变得无所适从,既有的生活方式无法保留原有的乡土性。农民在适应城市的轨道上孤独前进,无法融入城市主流社会,但他们已经没有退路。

城市不仅是一群人共同居住的地域,它还是一种"城市性"的心理状态和生活方式。在访谈中,也有一些居民在搬入新房后,能轻松适应城市现代性和城市社会主流文化,会坦然面对生活的改变,对生活质量的提高充满欣喜。

居民6:我是碑塔村拆迁过来的,搬过来将近4年了,碑塔村现在搬过来的人挺多的。这附近也不全是我们本村的,很多都是其他村搬来的。现在家里就我、老头子和孙子三个人。我现在在外头做清洁工,老头子身体不大好,他身体好能工作的话我也就能待在家休息一下了。老头子平时会去散散步,去地里种种菜。这里的外村人我不太跟他们打交道,都不认识。有一些外村的都是一起去河边洗衣服的时候认识的,她们人都挺好。洗衣服我还是比较习惯去河里洗,比家里洗得干净。现在那个河埠头建了两年了,是政府为方便我们洗衣服专门挖的。过去,我们都是四处找河水洗衣服,有时候还会被当地人说,不让我们洗,后来小区里的人就找上级反映,我当时没有参与这件事。这个小区举办的活动还是挺多的,但我都没怎么去过,我每天都要上班。再过两天,22号,二期就要开盘了。家里当时买了车库还是挺好的,还可以在里面炒菜。我平时也不大跟社区里的领导反映什么问题,有些事情也都是自己和家人商量处理的。主要是现在生活条件也改善了,社保、农保,现在都有,困难是要比以前少了。

居民7:我儿子、孙子都在北仑,现在就我和老伴住在家里,我们两个人都八十多岁了。小区里的活动还是挺多的,像身体健康、生活安全类的宣讲会都有,但我也不会参加。我现在也没什么事,平常都是自己去散散步,看看电视。

这是一种比较理想的状态,即对原有的乡土文化社会记忆不过分执着,能较好地融入城市社会主流文化,并最终达到完全接受。

在与现代社会的所谓主流文化碰撞、融合的过程中,农民的劳动和生活方式、价值观及心理等方面产生了诸多转变:

居民8:搬到这边后我换了工作,现在当油漆工,一个月3000多元。我现在和老婆住在一起。孩子38岁,在北仑电视台上班,一个礼拜回来一次。原来的家有300多平方米,以前在农村里除了种种地,我还是个木工,现在年纪大了,做那个很耗体力,就不做了。拆迁对我的生活来说也没有特别大的改变,不过客观上来讲还是这里方便,像买菜、去医院看病,还是这里比较近。但主观上的改变还是我自己的努力,我想让生活变得更好才会想着去换一份工作。毕竟比起过去在农村,来到这个小区后开销变大了。这个小区年轻人也有的,不是所有人都有工作,还有很多都待业在家。我从来没有想过会搬到城里来住,我还是觉得老家更好,生活条件改善了,我也没想走出村里,要是有机会进城闯荡我肯定让儿子去闯了,我还是更想留在家里过农村生活,农村更能实现我的价值吧。现在来这里五年了,小区里的人都已经很熟了,平时也会一起约出来玩。

当然,也有很多人感觉城市生活很好,接受城市文化对失地农民的城市化进程起着关键性作用:

居民9:我觉得这里生活挺好的,主要是房子会新一点。我白天在外面开农车,没事就在家里休息。我对城市也没有什么特殊的想象,现在住下来觉得城市和农村都差不多,以前在农村用的器具也都挺现代化的。

帕克认为:"城市环境的最终产物,表现为它培养成的各种新型人格。"①总体而言,新社区的农民,进入城市物质空间的同时,城市并没有为他们带来更广阔的就业空间和其他社会空间,并让他们处在一个比较焦虑的状态:如何进行自我定位? 原有的价值观和信仰是否依旧行得通? 当传统的社会认同与社会规范面临断裂和消解,而新的认同尚未建立时,就容易产生复杂的公共治理问题。新的社区的形成是社会结构变迁的表征,通过物理空间的重构,影响人们的交往和生活方式,进而实现社会空间的重构。然而在更深层面的心理空间上,形成身份的认同还需要时间的沉淀。如果人的主体的公共性在新的社区空间中遗失,那么现代性文化危机将不可避免。

---

① [美]帕克等:《城市社会学》,宋俊岭、吴建华、王登斌译,华夏出版社 1987 年版,第273 页。

第五章 舆论主体在乡村交往中 形成的内生文化

本章从与土地制度改革相关的具有社区公共性的集体产业变迁入手,探究城乡二元经济结构下的人的意识转化与融入共同体的过程,进而结合城乡发展中的问题、政策和形势来探讨集体与个人、社区共同体及舆论引导有效性等问题。

本章所使用的资料主要来自农村调查团队驻村调查,我们选取了宁波地区若干村庄作为实证研究案例,以传播学、社会学及政治经济学为视角,广泛收集新闻报道、统计表和工作总结等资料,对代表性村民进行深度访问和问卷调查。主要是围绕乡村土地制度变迁与集体化生活,结合城乡发展中的问题、政策和形势,探究浙江基层农民在社会转型过程中以及在城乡二元经济结构下的态度变化与共同体融入问题,进而探讨舆论主体在乡村交往中形成的内生文化以及舆论引导有效性问题,通过舆论主体的文化生活与日常交往来考察基层治理。

第一节 舆论主体与村落文化

公共空间(public space)的概念始于社会学,主要指"社会内部已经存在的一些具有某种公共性且以特定空间相对固定的社会关联形式和人际交往结构方式"①。传统农村公共空间是农民进行公共交往的重要场所,以话语交往构建社会联结,产生乡土公共性。随着人民公社制度的建立与当时对农村进行的空间整合,农民融入了行政主导的公共空间。但随着人民公社制度的解体及家庭联产承包责任制的实施,农民从集体化生产中脱离,以家庭为单位的生产方式

---

① 曹海林:《村落公共空间:透视乡村社会秩序生成与重构的一个分析视角》,《天府新论》2005 年第 4 期。

导致农村逐渐个体化。随后的城市化又导致了农村的空心化,使农村公共空间衰落,伴随而来的是乡土公共性的衰弱。伴随身份焦虑的出现,乡村文化的认同对象也出现空虚化的状态。① 独立人格间的契约结合原则能随着市场经济的推进成为社会关系的一般原则吗? 在这种社会语境下,主体话语会促成村民的认知态度与思维模式发生变化并影响其交往形态吗? 对此,深入探究内生性文化和村民的日常生活进入现代性的程度及个人与集体的边界问题具有较大的社会意义。

舆论的产生离不开特定的文化、制度、社会关系,又不断作用于意识形态和权力关系。文化作为一种整体性的生活方式和社会价值体系,被视为争取资本主义之外的替代性发展模式和构建新型社会结构的主要场域,这里强调了文化与社会、政治、经济、权力关系的相互建构,以及生活方式选择的动态意义与未来意义。② 从这个意义上来说,村落文化包括了对社区资源和利益共享的行为规范和价值观念。村落是国家与社会共同作用的结果,社区是舆论所关注的个体展开其社会生活的主要场所,同时也是各种社会资源、社会问题和社会矛盾的集中地,是各种社会交往、社会关系,各种信息、意见、舆论、情绪、情感乃至价值观念、文化等可表征为舆情的"产品"的生发聚散的结构箱。③

因此社区中舆论主体的塑造与培养在舆论引导中颇具宏观意义。

米歇尔·福柯的微观权力论指出,任何制度、政策的执行和道德伦理的教化,早期都是靠强制的规训;由于每个人都处于权力关系网中,规训就逐渐成了个体自我的遵从。在古代中国,儒家文化的社会规训就成为中国人集体的精神意识。④ 因为共同体组织的存续,村庄文化以组织化与群体化的方式传播并被农民接受。

内生性,即从村民主体和乡村文化所在的社会和传统内部生长出来的属性,而不是以外在的想象和概念来进行乡村治理和整合。在这个既断裂又延续的"链接性转向"时代,乡村传播也是对村民共同信仰的一种表征,只有从乡村

---

① 方晓红、牛耀红:《网络公共空间与乡土公共性再生产》,《编辑之友》2017 年第 3 期。

② 赵月枝:《文化产业、市场逻辑与文化多样性:可持续发展的公共文化传播理论与实践》,载赵月枝:《传播与社会:政治经济与文化分析》,中国传媒大学出版社 2011 年版。

③ 肖尧中:《舆论引导的社区化路径探析》,《西南民族大学学报》(人文社会科学版)2013 年第 4 期。

④ 李小华、覃亚林:《论主旋律影片家国情怀的历史脉络与现实逻辑》,《现代传播》2018 年第 7 期。

传播内部去探查信仰背后的文化并达到深刻的了解后才能对其进行描述和叙述。

在乡村文化记忆场中的内部深藏着各种非理性的模糊联系.其中关于宗族的复兴不仅意味着社区历史记忆的恢复,还意味着乡村秩序的重塑。社会记忆在传播学的人际交往中承载了很多功能,比如乡村文化与城市文化的沟通过程,乡村共同体的想象解构,但是很多媒体关于这方面内容的传播建立起来的不是国家想象,而是一种消费主义价值观,这也让表面的乡村繁荣暗藏深层危机。① 尽管利用非物质文化遗产的复兴等传统集体记忆对村民交往维系可以起到重要作用,也增加了社会认同的纽带,但是如果失去共同体想象的农村完全按照经济逻辑采用现代企业的管理模式进行设置,那么建立在此之上的乡村秩序也同样无法解决价值观和文化重建的问题,而且地方传统本身对社区共同体的维护也十分重要,比如以下两个场域。

一、文化礼堂

传统的中国农村的文化特色是祠堂,祠堂是祭祀祖先或先贤的场所,是家族的象征和中心,其核心是宗族血缘,个体对此有着天然的归属感和依托感。政府在文化的纵深带上并没有天然的凝聚力,现代农村的文化礼堂要想替代传统的祠堂和曾经的大会堂的政治功能,需要重塑集体在情感和文化上的核心,尤其需要确立政府的公信力。文化礼堂不应只是一个自上而下的单向传播过程,应加强自下而上的民意表达、农村内部的水平传播和互动传播,注重内生性可持续发展。

相比于送演出、送电影等下乡行为,民间自发活动更是一种内生性文化生产,有助于乡村文化的自我生长。文化礼堂应融入农民的日常生活之中,尤其是精神上的融入。乡村社区的归属感和凝聚力,可以在参与式文化生产过程中建立,这些乡土文化的生产和传播可以形塑村民地位和自我认同②,让村民更多地参与,得到更多的赋权,即帕森斯所说的,实现个人层面的自尊和自信的增长。

二、广场舞

广场舞是集体主义的回归,是回归到日常生活实践的城乡文化形式,广场

---

① 沙垚:《从影戏到电视:乡村共同体想象的解构》,《新闻大学》2012 年第 1 期。

② 韩鸿:《参与式传播:发展传播学的范式转换及其中国价值:一种基于媒介传播偏向的研究》,《新闻与传播研究》2010 年第 1 期。

舞将个人生活的意义和价值与社区的文化建设联系在一起,凝聚了社区力量。①
农村广场舞也是社会主义现代主体性的日常文化生活实践。很多人不再沉溺
于个人主义的文化消费,农村的空间可以将上一代的集体记忆和当下村庄的文
化实践同社区共同体的记忆生产联系起来,但是村庄不应该只是消费的资源和
表达乡愁的方式,它应该是村民的主体性创造。

在市场经济、政策法规以及城市化等多重因素作用下,乡村固有公共空间
被不断重塑,其广泛参与、交流与互动功能削弱,以独有公共空间为载体传播的
乡村民俗文化式微,降低了居民对原有文化的认同感。对于乡村公共空间的建
构研究,不能简单着眼于对开放空间的形式探讨,而是探讨、保留空间形式所承
载的时代与本土精神及观念,推动开放空间承载的文化氛围及社会心理,满足
居民需要。如果农民的全部历史和社会主义文化实践,被装点成消费文化,非
物质文化遗产成为一个被生产、被建构的陌生化过程,只会使非物质文化越来
越远离日常生活形态的本真样貌。

现今,城市与乡村的文化交互,正不断促使传统乡土文化适应新的带有城
市色彩的公共空间,但是乡土特色仍然是新一轮的乡土文化建设的基调。在乡
村工业化和城市化的过程中,在乡村振兴战略及路径的选择上,可以找到某些
乡村传统文化再获新生的契机。村庄的社会联结模式形成文化观念与价值体
系,有什么样的社会联结模式,就有什么样的社区文化。

新的媒介技术为社群的聚合提供了新的空间和场所,在互联网上,精神聚
合可以建造起无形的礼堂,通过官方网站、微信群、qq 群,各种互动式参与实现
赋权于民。未来的乡村可以将有形的空间与无形的空间结合在一起,恢复人文
传统,真正发掘出内生性的农民文化。

第二节　调研村落的基本情况

改革开放以来,工业化浪潮驱动着城镇化进程不断加速,在当前语境下,基
层治理出现了一系列复杂现象,笔者带领的记录农村课题组在浙东 15 个村(分
属余姚、慈溪、象山)进行了为期两年的调查记录,重点调查了宁波慈溪徐福村。
徐福村是本课题关于舆论研究中的共同体文化及其运作逻辑得以展开的实体

---

① 沙垚:《重构中国传播学:传播政治经济学者赵月枝教授专访》,《新闻记者》2015 年
第 1 期。

空间,同时也是笔者田野调查的重要现实场景。

　　该村资料文献存留较为完好,经济较为发达,以乡镇企业为主体,工业产值占当地总产值的比重较大,农业产值占比很小。徐福村有比较稳定的财政收入,可用于村公共事务和村民福利保障;原有的几个经济组织经过改制后由个人经营,以经营现代公司的方式聚集了一定资本;社区工业发展较快,外来人口增长较快。

　　据统计,2015 年徐福村行政面积 1.6 平方公里,常住人口 2404 人,户籍数 975 户,户籍人口 1644 人。详细人口构成情况见表 5-1。

表 5-1　2015 年徐福村人口构成情况

指标名称	数量	指标名称	数量
常住人口/人	2404	农村劳动力资源数/人	1094
男/人	1196	男/人	556
女/人	1208	女/人	538
户籍数/户	975	从业人员 (农业从业人员)/人	978(97)
户籍人口/人	1644	男(农业)/人	552(72)
全家外出的户数/户	15	女(农业)/人	426(25)
全家外出的人口数/人	41		

　　由表 5-1 可知,徐福村外来人口占全村常住人口比例相当大,达 31.6%,从事农业的人口相当少,不到 10%。此外,徐福村还呈现外出人员少,男女从业人员数量较为平均等特点。此种人口结构与徐福村的产业结构特征(第二产业、第三产业发达)相符合。截至 2015 年,徐福村耕地面积 1260 亩,常住人口 2404人,人均耕地面积约 0.52 亩,远远低于全国平均水平。再加上徐福村多种植莲藕、水果等经济作物,几乎没有种植粮食作物,很难实现机械化。所以,尽管政府在推进机械化生产,但是囿于自然条件等原因,徐福村的农业机械化程度较低。徐福村南面和西面是雅戈尔达蓬山旅游度假区及其商业配套设施,北面和东面是村委会规划的占地 108 亩的"个私工业园区"和种粮大户流转承包经营的大片农田。环绕村庄的"护村河"两岸绿树成荫,横贯南北的"中心河"将徐福村分为东西两块。村东以徐福村村民委员会为中心,南面是绿荫繁茂、占地 18亩的徐福公园,配备了标准化的篮球场、网球场,最显眼的是一排排整齐一致的小洋楼;村委会东面是 2002 年建造的老年公寓以及医务室、活动室等;村委会

北面是村落文化宫、惠民楼等医疗文体设施,村委会西面及"中心河"两岸是旧村改造待拆区域。"中心河"西岸村西地块,主要是已经完成的和正在建设的农民公寓。截至2017年,已完成48套复式楼建设和11层253套小高层建设。

徐福村现隶属于浙江省宁波市慈溪市龙山镇。徐福村的行政区划经历了一个不断调整变化的过程,一方面,总是伴随着与上级镇的隶属关系的变化而变化;另一方面,村级组织也经历合并、更名的变化。徐福村上属龙山镇,古时,因境内有伏龙山,故得名"龙山"。龙山宋时属定海县灵绪乡,清代仍属灵绪乡,隶属镇海县(原定海县)。1946年,龙山改制龙山镇。1950年,划归慈溪县。2008年7月,原龙山、三北、范市三镇及慈东工业区合并,设龙山镇,为慈溪市辖镇。被合并的三北镇,是徐福村原上级管理机构。三北镇原为田央乡,其辖区有上田央和下田央二村,上田央村就是现在的徐福村。

笔者和团队成员深入徐福村,首先在村干部的指引下访谈了两位老人:80岁的黄德圣老人和77岁的应长安老人。两位老人的经历见证了该村的发展。

黄德圣: 我们村里姓黄的人大概占七成。这一块原来被叫作田央黄,田央黄分为上田央(村)和下田央(村),(我们)都是黄震的子孙。说到田央黄,就知道我们这一片三个村:上田央(村)、下田央(村)、筋竹村(村)。

我是1959年到这边来的,从慈溪市另外一个区来的。当时是来帮助一个社办企业,这个企业是林牧渔类的,就是养些猪、牛、羊、鸡,还有管理山上的苗圃。后来体制下放了,有的人回家了,有些人就没回家,人慢慢多起来就成了一个湖山村。我记得当初有18户人家没有搬走,我们原来的老书记接受了达蓬村赠送的55亩土地。1999年,我们湖山村和上田央整体合并,我记得当初刚开始是行政合并,过了一两年之后经济也融为一体了。

20世纪80年代初,两位老人就在村里工作,黄德圣老人还曾经担任过村办企业再生橡胶厂(也就是现在的华星公司)的厂长。

黄德圣: 我们是全省第一家废旧橡胶再生厂。当时镇里、市里组织我们去山东、江苏参观考察,山东和江苏那边发展最早,我们的师傅都是从上海请来的退休师傅。就是设备不行,都是旧的甚至报废的设备,没有钱嘛。锅炉我们是5000块买的旧的,新的要两三万元。设备都是从无锡和上海买的。这个橡胶厂是村办的,是从最基层搞起来的。那个时候集体经济比较薄弱,没什么资金来源,也不像现在,国家有政策,政府有补贴。从这点来看,我们村当时能把橡胶厂办起来还是不错的。以这个厂为龙头,带动了一批小橡胶厂。

第三节　调查结果分析

一、差序格局与交往关系

从历史上看，家族聚居形成了以家族为中心的地域共同体。在中国传统乡村社会中，血缘关系及家族利益是人们的共同纽带，也是人们相互交往和彼此信任的重要基础，人们守望相助，形成家族共同体。[①]　费孝通在《乡土中国》中写道："在下层的乡土社会，有一套自治规则维持社会秩序稳定。"他认为，中国乡土社会存在一种"差序格局"，是地方共同体的一种共识。古代有"皇权不下县"的说法，德国社会学家马克斯·韦伯把中国形容为"家族结构式的国家"。林语堂曾说过，乡属精神使人民发展出一种村镇自治体的政治制度。[②]　徐福村正是处在这样一个宗族社会中，村里姓黄的人有七成左右，同出一个祖先：黄震。[③]村中很多干部既是黄姓族人，又是村民票选出来的基层干部。笔者在村委会对老文书黄金昌进行了采访，村委会年轻干部看到他都恭敬地尊称一声"阿公"。基于年龄、辈分和资历的优势，黄金昌在特定时空和村委会年轻干部这一特定对象所构成的差序格局网络中，处于中心地位。

传统乡村社会中的血缘共同体虽有其封闭性，但是也有从家族到国家之间的社会联系的多层性和广泛性，也会通过家庭血缘关系而与外界发生联系。徐福村最有名的两家大企业之一——远东照明有限公司的董事长黄彭新在接受我们的采访时说："我现在年纪也大了，想找找自己的根在哪里，我是从哪里来的。"所以，黄彭新牵头组织重修家谱，其提议也得到族内众人响应，大家有钱的出钱、有力的出力，远在上海、乐清等地的族亲也一同努力，历时三年，家谱终于修成。黄彭新担任过徐福村（原上田央村）村党支部书记，是黄氏田央东房二十六世孙。他年龄大，辈分高，有政治资源，经济实力强，是族内精英人物。家谱是族人认同的一个重要标志，作为宗族的一种神秘庄重的符号，一直深藏民间。徐福村家谱修至 1937 年断更，在近 80 年之后于 2014 年着手重修。各宗亲在

---

① 项继权：《中国农村社区及共同体的转型与重建》，《华中师范大学学报》（人文社会科学版）2009 年第 5 期。

② 林语堂：《吾国与吾民》，湖南文艺出版社 2016 年版，第 177 页。

③ 根据黄德圣口述整理，2017 年 7 月 10 日。

修家谱过程中群策群力,表现出很强的宗族凝聚意识。宗族性联谊是乡村异常活跃的民间活动,在各种交流和联系中实现了心理认同及社会关系的扩展。

这种历史与现实的融合有时也会成为村经济向更广阔天地发展的崭新生长点。20 世纪 70 年代的上田央公社,在上海宗亲的帮助下,开起了社办橡胶厂,年产值十余万元。用村委会黄剑清副书记的话说:"当时全国各地的人带着钱拿着麻袋来我们这里排队买橡胶。"黄彭新董事长创业初期也得到其兄——著名计算机专家黄彭龄的技术支持。采访中,老文书黄金昌也说:"我们做生意的多,大家都是自家人,在经商活动中大家都可以互相帮助。"徐福村经商之风浓郁,同宗族人互助互利,抱团取暖,十分有利于共同发展。

二、社区联结模式

在当前的农村社区建设中,如何重建人们对社区这一共同体的认同和归属感是政府治理和舆论引导的关键。社区化是集传统家族文化、地缘关系、群体基础结构、行政组织单位、社会实体、情感归属与社会归属于一体的综合性概念,是新集体主义在社会意识、关系模式、组织方式上的现实化。[1] 涂尔干的"社会关联"(solidarity,又译为社会团结)一词是笔者理解农村社区联结模式的重要概念。[2] 联结模式指的是村庄社区作为共同体拥有凝聚力和价值生产能力,具有一套强有力的地方性规范。[3]

本章所调查的徐福村是一个具有深厚家族文化传统情境的社区,而且家族治理资源也是乡村共同体治理时获得认同的重要资源,宗族资源可以协调资源配置,是一种常见的借用传统心理来进行管理职能分配的社区治理模式。在村权力构成中,大姓氏一般是主体。民间能人可以有效地结成人际信任和交易纽带,在基层社会整合中发挥重要作用。曹锦清的《黄河边的中国》一书中对乡村能人有这样的论述:在中国广大乡村的行政村一级,存在政权与家族相结合的趋势,村干部的影响力实际来源于家族势力及其本人的德行与才能。这个现象就是农村政权与家族相结合的最为深刻的根源。在地方格局中一般是以负责各类资源配置的精英主体为核心,在宗族共同体意识较强的单姓村内,较多产

---

① 蓝宇蕴:《都市村社共同体:有关农民城市化与组织化生活方式的研究》,《中国社会科学》2005 年第 2 期。

② [法]涂尔干:《社会分工论》,渠东泽,生活·读书·新知三联书店 2000 年版,第 249、257 页。

③ 董磊明、郭俊霞:《乡村社会中的面子观与乡村治理》,《中国社会科学》2017 年第 8 期。

生替这种乡村能人。黄金德就是这样一位乡村能人。他年纪轻,能力强,脑子活,村中老人回忆,"我们村能发展壮大,成为全国文明村,是阿德 1999 年当了书记之后发展起来的。我虽然没当过书记,但在村里也搞了好多年,当时的经济没有现在发展得这么快"。

改革开放以来,一方面,家庭原子化、核心化成为普遍现象,商品交换意识与实践使农村血缘关系日渐淡化;另一方面,有些村庄又在修族谱重建祠堂。村落族居形态不发生改变,血缘宗法意识就有存在的基础,但是由于现在家庭的核心化、婚姻的契约化,以及市场经济的发展,宗族完全回到共同体状态是不可能的。

在个人利益本位日益凸显的社会变迁过程中,农村集体经济的最大目标是让村民共同富裕,并且到村民的认同。徐福村的经验就是土地一直抓在集体手中,20 世纪 70 年代包产到户的土地改革中,徐福村创造性地保留了 1380 亩山林用地,为村集体保留了经济来源和有生力量。2000 年以来,由于城市化的迅速发展,进城务工的村民越来越多,这为土地流转提供了契机。此外,城市化也使得农村土地快速增值。地价的快速上涨使得村集体有能力完成集体资本的原始积累和不断增值。村集体将土地从村民手中流转过来以后所建设的项目每年都给村集体带来很多收益,为村福利体系建设提供了稳定的资金来源。

在徐福村的年终总结报告中,我们看到了这样的一段话,现把它摘录如下:

> 徐福村始终把巩固和发展壮大村级集体经济作为村级经济社会发展的重中之重,始终坚持以市场为导向,优化产业布局,调整产业结构。在"一产"农业方面,徐福村着力发展现代农业,加强土地流转,推行农业的集约式发展,目前全村共有耕地 1240 亩,其中 92% 已完成土地流转;在"二产"工业领域,徐福村着力做好转制文章,按照"动产拍卖,不动产租赁"的原则,先后完成集体企业的转制工作,截止到 2016 年年底已有 20 余家企业落户,每年为村集体带来 300 万元以上的稳定收入;在"三产"领域,徐福村大力发展服务业,充分利用达蓬山旅游开发的机会,全面规划生态旅游观光开发项目,建造一批与旅游相配套的三产用房,开展滕头生态酒店、心沐蓝莲精品民宿、好月子母婴养生馆、酒店游泳馆、酒店员工宿舍、停车场项目建设,为村民提供致富新渠道,为村集体每年带来约 200 万元收入。

通过村副书记高晓妹的讲述,我们进一步补充了对徐福村的认识。高副书记 1985 年来到(嫁到)徐福村,主要负责村中常务工作。

高晓妹:徐福村原名上田央村,雅戈尔前来开发时(2000 年)改名为徐福村。徐福村集体企业没有亏损的原因是村企业的经营项目较好,主要为橡胶、塑料厂,当时村级集体企业数量不多,集体企业是从70年代开始搞的,经营人基本上是村干部,村干部既是乡村管理者,也是集体企业的经营者,(高晓妹强调自己从未经营过企业;详细资料情况需要从相关企业中获取)当时企业由集体转为个人时,企业老总(村里干部)并没有付出很多价钱,因为企业内部有亏损。转到个人手中后,企业经营有好有坏,目前为止经营最好的两家为远东灯具和华星橡胶。华星橡胶原来是集体经营,后来转到黄金德书记手中。相当于经营与党政一体,厂内员工依然多为本村村民。1999年前,徐福村是两个村,上田央村和湖山村。当时有两个厂,湖山村是个人的厂,上田央村是集体的厂。当时是村集体的,但是1982年以后整个体制下放了,我们就自己搞了,我自己家里也搞橡胶制品。附近的村也发展起来了。橡胶厂1996年转给黄金德书记,也就是现在的华星。这在当时是全国的大形势,村办企业大多数都转掉了,转给个人。再生橡胶厂不是村里第一家转制的企业,第一家是1973年创办的远东,原来是我们村集体的塑料厂。橡胶厂是1979年创办的。

可以看出,农村集体经济是与村社集体土地相关的社会经济,在很多村庄,集体经济依然承载着满足社区福利需求的功能。土地与集体经济密切相关,农村以村社为单位实行的土地所有制,是一种具有社区保护性质的社区土地所有权,而土地的文化象征与意识形态的文化建构是密切相关的。

江浙一带的农村,由于地理位置的原因,逐渐将农业转为副业,一定程度上暂时回避了农业现代化的问题,而作为经济发展较快的宁波徐福村的社会结构早已深深渗透了市场经济的价值观念,很多基层工作是借助社区经济资源与内部宗族利益的联系来实现的。比如在调研浙东余姚市的梁冯村时,笔者发现户代表会议是目前村社区广泛发动村民的重要途径,而户代表一般为老党员、村里有威望的长辈、宗族里的长辈等。可以确定的是,单凭情感和仪式已不能起到凝聚人心的作用了,融合了经济关联与宗族资源的社会资本作为持久性关系网络在未来会成为治理乡村的潜在资源。

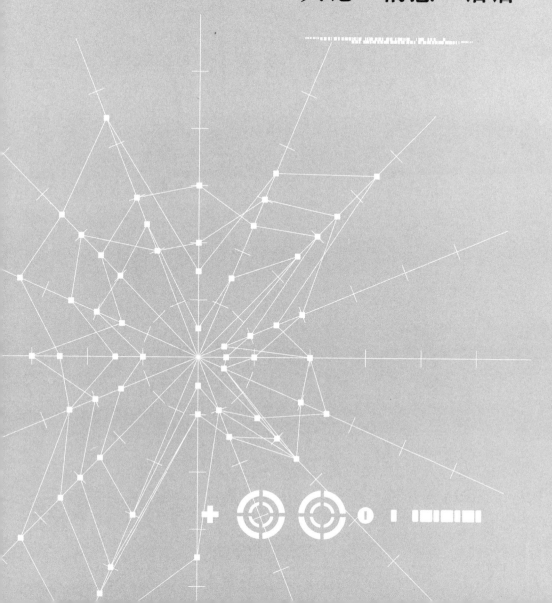

第三编

舆论　情感　话语

第六章　大众传播媒介与舆论引导

第一节　区域型主流媒体的深度融合

主流媒体的角色和使命决定了其必须承担宣传和构建社会主义核心价值观和对公众进行正确舆论引导的重任,推动传统主流媒体加快融合发展是党中央巩固宣传思想文化阵地的重大战略部署。传统大众传播时代,作为稀缺性资源的主流媒体可以依靠资源垄断地位主导公众关注议程,从而形成对受众持续稳定的影响力,而互联网传播时代,作为官方舆论场核心平台的传统媒体,其权威话语权正在遭遇挑战,主流媒体如何转型与新媒体如何深度融合发展成为当下重要而紧迫的课题。面对媒体格局的深刻变化,国内主流媒体开始了媒体融合的艰难探索之路。近年来,区域型主流媒体集团立足自身实际,立足地方实际,积极探索新的思路构建现代新闻传播新体系和地方舆论引导的新格局,逐渐摸索出具有中国特色的新型区域型主流媒体的发展之路。

一、打破主流媒体间的壁垒

中央厨房①是推进媒体深度融合的中心,它不是一个物理空间概念,更不是一个形象工程,而是一种指挥调度机制。中央厨房创建了开放协作的全新内容生态,预示着不同层次和区域的媒体全方位联合的趋势和必要性。作为一种指

---

① 中央厨房原指餐饮行业中统一采购、统一配送、标准化生产的大厨房模式。现在主要指媒体采集同一个内容素材进入全媒体数据库,媒体内各级传播渠道、子媒体根据需要对这些素材进行二次加工,生产出各种形态的新闻产品,最后按照介质特点、传播速度、传播需要,通过多种媒介逐级发布、传播。这是一种全媒体操作模式,即一次采集、动态整合、多个渠道、多次发布的传播模式。

挥调度机制,中央厨房的作用与媒体自身组织形态有着密切的关系。主流媒体的融合发展有一定的阶段性和层次性。2014 年以前的融合改革主要以一些具有一定财力且兼具前瞻性眼光的区域型主流媒体的基于市场逻辑的自我探索为主,比如 2001 年烟台日报报业集团的全媒体指挥中心的实践,宁波日报报业集团的全媒体探索。2014 年后的媒体融合探索以政治逻辑和市场逻辑并重,政治逻辑成为主导,人民日报的全媒体探索体现了央媒融合发展中政治资源与业务探索、技术优势的有效结合,比如爆款军装照、总书记的元宵节问候等产品。同为央媒,新华社的隐形中央厨房机制即云平台在全国的实施以国际通讯社的海量信息优势加之纵向贯通省、市、县三级辖区的政治能量得以实施推广,目前已有两千多家地方媒体加盟,初步实现了政治效益与经济效益的双赢。

而对于一般性的区域型主流媒体来说,中央厨房理念的落实不是单纯模仿央企做法,而是取决于如何攻克地方上条块分割的行政化体制机制,突破区域间多边既得利益固化的藩篱。因此在推进融合媒体平台化建设的过程中,首先要解决的是本区域以谁为主的问题。众所周知,传统媒体的组织形态依然保留了工业时代的若干特征,比如规模化、标准化和流程化,这与以扁平化、服务化等为特征的互联网组织形态差异巨大。体制变革对于传统媒体来说无异于一场组织革命。尽快打破媒介或者部门的区隔,才能更好地利用相关配套政策和市场发展空间在区域资源整合下进行高效的产业制度安排。

伴随着融合时代新闻生产流程的创新,以及由此延伸到新闻组织的架构、新闻议题的整合、新闻资源的调配、新闻产品的发布的全方位创新,主流媒体的生产关系逐渐发生变迁。传统媒体时代各自为政、资源利用率低的运营惯例正逐渐被媒介融合这种机制所打破。从组织架构来说,很多传统媒体已开始尝试建设以业务流程为中心、用户至上、兼顾市场导向的多种业务出口,开展媒介融合。比如解放日报的融媒体改革,在体制机制上,实现了"一支队伍两个平台",开始探索一体化运作新模式;在组织架构上,取消"部门制",改为"频道制";在采编力量上,将所有采访人员迁入上观新闻,报网采编链无缝衔接。但是在新闻生产上还没有突破跑口记者的传统运作方式,这也是下一步要关注的重点。

二、重塑沟通渠道

区域型主流媒体没有央媒那样雄厚的政治资源和经济基础支持,但也掌握着丰富的地方政治资源,在长期惯性思维推动下,很多媒体都是在原有运作模式中进行改革,如搭建媒体网站,开设微信公众号、微博账号等,但"+互联网"

的逻辑还十分简单,多停留在物理形态上的分散布局和简单相加,只是体制内的业务延伸,没有上升到生产方式和影响力构成方式的创新层面,因此不可避免地导致广告客户的流失和内容影响力的丧失。究其主要原因,就是关系构建不足和转型停留在简单做加法层面。单纯延续传统主流媒体运作模式的价值逻辑,难以真正实现融合发展,因为媒体融合之下的渠道的内涵早已发生深刻的变化。那么如何以用户为中心完成自身组织架构和盈利模式的转型呢? 重塑沟通渠道、增加用户黏性是第二个核心问题。

区域型主流媒体可以尝试打造各种垂直化应用,建立社群纽带,以各种主题、"趣缘"引导群落汇聚,再通过线上转线下的活动强化虚拟社群,让那些突破地域限制的人彼此交流沟通,分享信息与知识,形成兴趣爱好相近或有情感共鸣的特殊关系网络。社群的实质是什么? 既是崭新的信息筛选和获取方式,更是直接跟用户需求相对接的行为方式。① 社群传播之要义是研究目标群体的连接点。因此如何激发用户即"网络节点"的融合动力与融合行为是当下媒体应该思考的主要问题。比如当下主流媒体的现象级的传播能带来流量,却不一定能沉淀用户,更不要说把用户变成客户。产品层面的成功融合案例,只是媒体融合发展的一个阶段,只有从产品思维递进到用户思维,真正和受众形成有效连接,才算达到了融合发展的目的。②

在重塑沟通的过程中,媒介融合在技术层面应体现为一种全息感知系统模式,这种模式通过传播介质、内容和各媒介的组织结构层次的融合日常化地嵌合在人们感知信息的节点上,在整个社会系统中汇聚、流通,媒介组织(媒体)只是其中的一个节点。如何以人为本,构建与用户的连接平台,以用户数据为依据,实现内容产业跨界合作、用户人脉关系再造和地方社会动员,避免地区各媒体间虚假的团结,打造互联网上真正敞开技术、内容、资源、渠道实现交流的平台,是目前该思考的出路。比如浙江日报报业集团较早转变经营思路,其媒体融合实践通过跨界资本运作和内部创业等方式实现了真正的资本运作和以用户体验为主,进而实现了绝大多数员工和管理层观念的彻底改变。

---

① 喻国明等:《破解"渠道失灵"的传媒困局:"关系法则"详解——秉论传统媒体转型的路径与关键》,《现代传播》2015 年第 11 期。

② 卢新宁:《人民日报社副总编辑卢新宁:媒体融合如何"合而为一"——2018 媒体融合发展论坛上的主旨演讲》,人民网—传媒频道,http://media.people.com.cn/n1/2018/0910/c40606-30283544.html,2018 年 9 月 10 日。

三、建立体现主流价值的内容生态系统

在媒体融合中,我们以往一般关注互联网企业的平台媒体化,但是从目前的发展趋势来看,主流媒体平台化对于整个社会的舆论生态至关重要。传统主流媒体的精英文化基因和政治立场是由政治、经济、文化等多重场域构建的,构建新媒体的初衷本应是对传统秩序的推翻和解构,但目前主流媒体增加的新媒体平台只是对原有文化基因的另一种传播和解读。传统媒体与新媒体的核心区别是其文化嵌入社会结构的方式不同。平台需要信息,内容深度融合意味着媒体日渐平台化,如何打造一个不同于商业媒体平台的体现主流价值的内容生态系统非常迫切。伴随着定制化传播、个性化传播、参与式传播、沉浸式传播、反馈式传播等新现象的出现,媒介逐渐成为作用于人的深层价值手段。通过新媒介,用户更新了认知和行为模式,改变了人与人建立联系的心理关系和互动性质。这种来自社会成员的文化回应更多地传达了一种复杂的文化层面的理念变迁。

传统媒体的传播方式是把信息强行推送给用户,新媒体则不同,是利用信息精准地影响目标用户群体,而且每个人作为信息传播的节点参与分享创造并被赋予公共价值,实现媒体资源与社会资源的深度融合对接。以新闻传播为主要功能的传统主流媒体,要逐渐转变成一个集信息聚合、分发、资源整合、沟通服务用户等功能于一体的服务平台,这个平台应该兼顾普通平台的信息汇聚和自由流通功能,同时应该保留主流媒体的专业性和权威性,又拥有面向用户平台所特有的开放性的数字内容实体。另外,基于传统媒体固有的意识形态使命,这个平台所提供服务的性质又不同于一般的互联网企业所提供的服务。

传统媒体如何利用技术红利把社会资本营造成一种文化资本,同时保证市场服务能力和传播到达率,是又一个值得深入思考的问题。区域型主流媒体可以利用主流媒体原有的对地方社会的新闻档案记录功能、联系各阶层沟通对话的平台功能和对原有的地方生态的灵魂塑造功能进行整合传播。传统媒体通过新媒体的社群营销完成深度融合,最大限度地黏住用户,取得政治、社会、经济效益"三丰收"。传统主流媒体最重要的优势就是公信力,这是媒体通过长期深耕地方社会所形成的权威性、影响力和美誉度。这个指标既是衡量一家媒体市场竞争力和社会影响力的重要参考标准,也是媒体与受众重建情感纽带的最重要的无形资产。借助布尔迪厄(Bourdieu)的社会资本概念,这种无形资产为我们认识主流媒体的媒介融合提供了新视角。布尔迪厄认为:"社会资本是那

些实际的或潜在的、与对某种持久网络的占有密切相关的资源的集合体。"①因此主流生态系统还需要拥有深度经营党媒的公信力品牌及资源整合能力,打造一个以信息、文化为主导的完整的包含信息采集、加工、发布、互动的产业链条。党媒应以核心价值为引领,充分发掘产业链中每个环节的社会价值、经济价值、客户价值和品牌价值,并开发各类创意服务产品,紧密连接社会资源,与会务会展、公关策划、技术研发等机构融合,打通基于传播业务的全案策划执行产业链。

四、通过制造文化认同来实现舆论引导

互联网实时性的信息更新改变了大众的价值判断习惯,人们将接受新闻信息放置于不断完善的过程之中,并在分享和讨论过程中逐步还原、重塑、修正事实的真相或达成社会意见的"最大公约数"。② 这种传播不再受传统媒体时期品牌忠诚度的限制,传统媒体为应对这种变化需要加强评论和引导的力度,用专业化的信息解读提升公众信任感。由于媒体融合开发的用户体验模式的理念背后都有一个情感内核,而这种情感主要来自参与者对本土文化符号的共享与复制,因此,制造在场感、营造认同感对于地方传播生态意义重大。区域型主流媒体融合之路对城市发展而言,必须超越简单的意识形态主导下的控制型城市文化,而要充分尊重互联网文化的空间体验感。因而,作为地方主流新媒体,在连接地方社会的过程中要建立起一种具有本土体验的文化空间,充分利用新闻事件的情绪点凝聚本土民众的认同感和归属感。区域型主流媒体作为地方政治生态的重要一环,准确评估、把握民众心态,进而进行舆论引导意义重大。面对地方突发事件如何抓住情绪拐点进行引导,对区域型主流媒体占据舆论引导先机非常重要。

从这个意义上来说,区域型主流新媒体还可以定位为这样一种城市移动服务平台:利用自身优势整合所在区域资源,为用户提供智库、舆情、品牌传播等服务,拓展盈利空间。比如长三角区域的宁波日报的甬派新媒体客户端目前正在紧密结合媒体融合新需求,通过创新技术协作,开发舆情监控操作系统。以网站为主运营的"民生 e 点通"的问政平台,构建"政府问政平台处理答复—甬派记者实地调查—报网端对舆情事件处理结果集纳式报道"的舆情处置链,利

---

① 薛晓源、曹荣湘:《全球化与文化资本》,社会科学文献出版社 2005 年版。
② 喻国明、焦建、张鑫:《"平台型媒体"的缘起、理论与操作关键》,《中国人民大学学报》2015 年第 6 期。

用传统媒体品牌公信力,以及多年来与用户常态化沟通互动中形成的靶向性和黏性,服务地方党委政府,解决联系服务群众"最后一公里"问题,主动引导和掌控基层舆论阵地。

从新闻生产与媒体运营的实践观察,区域型主流媒体可从以下三个途径塑造舆论认同感:紧扣移动新媒体时代新闻报道规律,抢抓"第一落点";紧贴市民生活需求,发力民生新闻报道;围绕城市大事件,做强重大活动传播。通过"快讯+详讯+解读"的报道方式,在本地新闻报道竞争中抢得第一落点。同时,与相关政府部门合作进行全案策划执行和新闻报道,让参与受众收获文化认同感与城市归属感。这种参与式传播,利用地域情感支持模式,通过互动分享来获得信息,发起和参与公共讨论,为公众提供了表达的空间,并形成认知或情感的共鸣。这种支持系统和对于用户不同心理需求的满足,是留住用户的"黏合剂",也可以成为感知受众阅读场景、输出关联性的内容营销的一种特殊形式。对于区域型主流媒体来说,塑造舆论认同感有助于了解维系地方社会关系和社会秩序的微观基础,因而对理解地方社会的微观建构过程和城市发展有着重要的意义。

第二节 区域主流媒体文化传播影响力的构建

在媒介融合加深、媒体竞争加剧的大环境下,区域主流媒体应重视文化传播影响力的构建,以深度发展的眼光将文化战略纳入区域形象传播系统发展规划当中,以增强区域主流媒体竞争力和塑造区域文化品牌为目的,在传播层面结合地域文化进行引导,塑造经典文化符号,建构地方公共空间,弘扬地域文化精髓,同时在节目制播过程中创新节目形式、追求伦理内涵。本节在分析地域文化传播的本质诉求与传播态势的基础上,着重分析如何通过文化符号的传播增强主流媒体文化传播的引导力,并提出注重情感体验与增强公众主体认同的传播策略。

文化与社会活动机理密切相关,而从传播的角度来说,文化又体现为社会活动主体间的交往模式,与意识、观念紧密相连,呈现出不同的时代格局。融媒体时代,区域主流媒体更应强化自己的特色,在受众心中形成强烈的识别性以抵御冲击,在新闻立台的发展宗旨和战略下,制播具备较高文化品位、深厚历史人文底蕴的文化传播影响力较高的节目,运用典型的文化符号,形成具有情感的独特体验和以人为本的传播理念。

文化传播影响力,是指其文化信息传播的高到达率、文化节目特征的高识别度、文化传播人群的高覆盖面、文化价值理念的高认同性等一系列媒介文化定位和媒体文化策略获得市场认可后所形成的独特价值体系。① 媒体融合背景下区域主流媒体如何应对竞争激化的困局,形成独具一格的文化品位文化传播影响力至关重要。将文化内涵作为核心竞争力元素纳入自身发展规划中,运用典型的文化形象符号,形成立体化、全方位、多层次的文化传播态势。

众所周知,区域主流媒体肩负着塑造、传播城市形象的重任,是一项长期而复杂的系统工程,同时需要政府宣传部门、公众群策群力,整合运用多方力量和手段。对于城市形象的传播,从学理上来说是具象文化符号在地方空间的基础性的关系与秩序状态的表达与流动,是一种夹杂着主体意识、意向性的存在物,相应的,区域主流媒体在运用媒体工具进行文化传播引导力构建时也需要打造融通该地域文化的具象符号进行传播。

一、以地域文化意象建构文化传播引导力

好的城市媒体能引导人们在头脑中形成清晰、有序、连续而生动的城市意象。城市意象设计、建构应该以人为本位、以人为中心,充分考虑文化主体地位、人的主体感受规律与意象形成规律。② 传播力决定影响力,文化的影响不仅取决于传播的内容是否具有独特魅力,更重要的是其背后隐藏的文化理念和价值观念是否能被接受。文化观念首先受到特定社会生活环境、生活方式的影响。每个地域都有自身的地理与文化禀赋,城市发展应以这种禀赋为基础,进而形成以这些禀赋为基础的特色产业、特色空间。特色与个性也是城市传媒创造"意象"的重要底蕴,特色的背后是一种以地域为根基的文化引导力。

二、以典型人格符号塑造地域文化的社会空间

城市文化的保存是通过符号记忆实现的。传播学者詹姆斯·凯利(James Kelly)说,传播的最高表现并不在于信息在自然空间内的传送,而是通过符号的处理和创造,参与传播的人们构筑和维持有序的、有意义的文化世界。地理环

---

① 曹坤、王珏:《媒介融合语境下城市电视台的文化传播影响力构建》,《现代传播》2013 年第 9 期。

② 陈忠:《现代城市观哲学研究:一种城市哲学和城市批评史的视角》,《马克思主义与现实》2014 年第 6 期。

境、自然生态和社会空间都是人们生成与维系情感的重要基础,西方知名城市传播学者刘易斯·芒福德(Lewis Mumford)也提出,城市化条件下的政治,是一种以人为根本尺度、具有伦理底蕴的政治,城市传播应塑造有文化的主体间性的社会空间。人本质上是有意义寻求需要的动物,人的认知与行为绝不是简单的、无生命感受的信息处理,而是心理意义的构建过程。由于传播实质上是通过符号来使现实得以生产、修正、维系、转变的过程,是一种分享意义的文化过程。传播就是文化,就是人的传播活动,同时产生相应的情感体验。事实上,共同情感本身就是舆论建构社会秩序的基础力量,社会学家涂尔干也曾将社会界定为完全由观念和情感组成的复合体。儒家的"天道"作为一种认知图式能够对当下的人、事物进行判断与解释,帮助人们形成态度、体验和行为。心学家王阳明认为,学问的根基不是吸收知识,不是了解外在世界,而是培养人格、培养自己内在的精神资源。王阳明指出,每个人心中都有一个方向性的指导,这就是良知。由于主流媒体的文化传播引导植根于社会、历史、文化的背景网络之中,情感是社会结构的产物或者效应,从这个意义上来说,主流媒体在传播的制度设计上应当充分考虑到建立在文化之上的情感体验,以培育积极的共同情感,让公众在这种共同情感中获得意义、价值和尊严,进而激发出共创美好社会的热情。人是理性的动物,思想决定行动,从传播理念改变开始,不能仅盯住信息的外在性内容,对于更为深层、更具本质意义的内在性内容,对于传播活动中的"本质的感性的爆发"①即文化内涵,也要予以应有的关注和深描,除了诉诸逻辑论证的"理性传播",也需要诉诸情感交流的"感性传播"。

近年,主流传播学也越来越注重日常生活与媒体传播的内在关联。地方民众及其构成的市民社会是地方的社会主体,它们融合、承载着物质和历史两个维度,是地方概念的核心与灵魂。比如,民族情感体现为对以共同体为核心的文化地理的热爱。卡西尔提出,全部人类的文化依赖于符号,但也正是由于符号能力的产生和运用,文化才得以产生和存在。通过文化符号的传播才可能呈现出一座城市的变迁和社会的发展。

三、用公共伦理不断建构地域文化传播空间

在传播的视野中,媒介影像中的流动、差异、多元政治是一种基本而普遍的生活事实。当下媒体传播在推进城市发展伦理建构的过程中,不能寄希望于突

---

① 成伯清:《"中国体验"的意义和价值》,《学习与探索》2012 年第 3 期。

发性的集体事件,而应该从知识、制度、行动等诸多方面系统地应对地方发展问题,推动发展方式的深层转换。传播应为城市建构一种包容性的文化,建构以流动性差异为特点的城市正义。中国社会正处于由传统农业文明社会向现代工业文明社会转型的现代化进程之中,伴随着社会变革,人们的精神世界和心理世界也经历着前所未有的震荡。对民众心理问题的消解,除了需要政治制度、经济制度、民主制度等宏观社会因素的改革,还需要培育和发挥公共精神和公民道德在公民身份认同塑造中的强大力量。媒介通过公共生活彰显公民道德践行的长期积淀,才能使公民身份认同成为马克思所讲的"日常意识",成为社会心理学所讲的"集体意识"。① 在一定意义上,公众对于自身的成熟的公民身份认同是经理性的反省意识引导,由主体理性的判断和选择逐渐塑造而成的。

应该说,地域文化传播空间的构建从宏观传播层面来说是一种以上层建筑、政治权力、社会精英为价值基点与合法性来源的传播意象,从微观层面来说,则是以日常生活与普通人为生成基础、价值基点的传播基础。关于城市传媒的文化传播影响力,应该说,只有融汇情感与伦理层面的内在文化的沟通,才会有实质性的推进。

综上,传播应为城市建构一种包容性的文化,建构以流动性差异为特点的城市正义。在传播的视野中,媒介影像中的流动、差异、多元政治是一种基本而普遍的生活事实。推进新闻建构社会的伦理化,建构城市发展伦理不能寄希望于一些突发性的集体事件,而应该从知识、制度、行动等诸多方面系统地应对地方发展问题,推动发展方式的深层转变。

---

① 李兰芬:《国家认同视域下的公民道德建设》,《中国社会科学》2014 年第 12 期。

第七章　情感与舆论主体

第一节　新媒体时代的舆论格局

我国现阶段正处于社会结构转型和经济体制转轨的"双转"时期,经济的高速发展、社会的全方位变革是这一发展阶段的显著特征。科学技术的进步,尤其是互联网技术的革新,极大地助力了经济社会的发展和变革,推动着文化生态的改变与重塑。正确认识新媒体时代的舆论环境和舆论格局,提高舆情研判和舆论引导能力,是政府成功应对群体性舆情事件的先决条件,更是政府塑造良好形象和提升公信力的重要途径。而应该做出哪些改变来适应新媒体时代的舆论特点,如何构建舆情引导话语策略,通过与新媒体对话取得民众信任,如何创新传播管理机制从而更好地实现舆论引导,是当下政府无法回避的问题。在网络社区、博客、论坛上出现的群体极化效应,已经影响到实体政治生活的安全。① 如何在无序中重新建立秩序? 传统的行政控制、精英主义舆论引导策略都面临着巨大的挑战,因此,重新思考面对网络舆论时政府的管理理念就显得特别重要。②

新媒体,是相对于传统媒体的一个概念,"我们所谈论的'新媒体时代'是指计算机技术、互联网技术、移动终端技术等数字化信息传播技术诞生以来的这一历史时期"③。不同于以往由传统媒体主导的时代,新媒体时代拥有海量的信

① 史达:《互联网政治生态系统构成及其互动机制研究》,《政治学研究》2010 年第 3 期。
② 谢金林:《控制、引导还是对话:政府网络舆论管理理念的新思考》,《中共福建省委党校学报》2010 年第 9 期。
③ 韦路、丁方舟:《论新媒体时代的传播研究转型》,《浙江大学学报》(人文社会科学版)2013 年第 4 期。

息、即时的通信、瞬息万变的热点舆情，以及来自各方的不同声音。数字化、即时化、网络化、互动化、大众化是这个时代的突出特征。

一、个体话语权得到前所未有的强化

"从本质上说，新媒体时代是以个人为传播主体的传媒时代。"[①]随着微博、微信的兴起，互联网开始从 Web 2.0 向 Web 3.0 过渡。这意味着个人的主体性进一步强化，依托互联网，越来越多的网民得以赋权。网络是网民的传声筒，每个网民都可以在网络上发表意见、观点、看法或者主张，由此扩大了个人的话语权；不同阶层或利益群体，通过网络可实现代表群体意志的利益表达，从而实现传播主体的广泛性。基于这种传播环境，每个人都可以成为记者、编辑，每个人都可以参与到新闻生产中去，成为新闻的发布者、传播者，使得自媒体渐成主流，打破了传统媒体对信息生产渠道的垄断。

二、形成官方和民间两个舆论场

新媒体时代来临之前，传统媒体"一家独大"，基本垄断了新闻生产源和舆论发声源，公众只能被动接受信息；新媒体时代到来之后，借助新媒体这一新的表达工具，公众能够比以往更及时准确地维护切身利益，整个社会朝着去科层化、扁平化的方向发展，草根阶层的声音越来越大。综合上述因素，互联网代表的民间舆论场由隐性发展到显性，逐渐勃兴，并最终形成了传统媒体构建的官方舆论场与互联网所代表的民间舆论场并存的局面。民间舆论场的出现，一方面，打破了以往传统媒体垄断话语、交流有限的格局，为政府、媒体与公众三者之间的交流创造了新的渠道，两者之间的互动加强，联系增多；另一方面，由于两个舆论场诉求不同，在一些社会公共话题上不可避免地会产生冲突，加之话语体系上存在隔阂，双方对主流话语权展开了激烈争夺。

三、公众表达无序化加剧，非理性情绪泛滥

互联网空间的匿名性和开放性，为公众表达诉求、宣泄情绪提供了渠道。与以往公众话语被压制束缚不同，当下新媒体成为公众的发声筒和利益表达的第一通道。但在公众话语权得到加强的同时，表达的无序化问题也随之凸显：新媒体时代一改民众"有话不能说""有话无处说"的状态，为社会提供了发声的

① 　童兵：《新媒体时代舆论表达和舆论引导新格局》，《新闻爱好者》2014 年第 7 期。

平台和可利用的渠道,使得民众的情感表达需求空前迫切,这种迫切感加剧了表达的无序化;社会结构不断分化,草根阶层日渐活跃,社会主体的多元化和利益表达的差异化造成众声喧哗;新媒体逐渐取代传统媒体成为社会主流,导致传统媒体的舆论监督功能弱化,"把关人"的缺失则进一步加大了舆论失控的频率,为公众的无序化表达提供了可操作的空间。非理性情绪泛滥是新媒体时代的另一典型现象,"网络平台传播由于更容易获取'形象',网络群体的形象思维特点无疑也就被放大了,理性下降,行为冲动,群体整体呈现出感情狂暴、非理性等特点"①。由于信息的碎片化传播,公众接收到的信息不可避免地带有片面性,对于一些涉及切身利益的公共事件,公众受非理性情绪带动而一味地发泄情感。"意见领袖"的情绪传播则进一步加剧了群体观点极化,由此造成非理性情绪的泛滥。

四、传统舆论格局被打破

舆论格局是由社会舆论构成的整体框架,是特定环境下舆论形式的表现。新媒体发展起来后,舆论格局的转变,突出表现为主流话语权控制人的变更。在当前社会转型的大背景下,日益开放的舆论环境和现代通信技术的发展在空间上及技术层面延伸了突发事件的舆论话语平台,话语权自然也随之分散。在传统媒体把控舆论的时代,舆论格局基本以党报党刊为核心,政府舆论场与媒体舆论场紧密结合。公众的舆论话语功能不强,只有小部分人能利用媒介稀缺资源发表意见、传递声音,因此此时的公众无论是接收信息还是传播信息,都处在相对被动的位置,民间舆论场尚不活跃。随着互联网时代的到来,由政府单方控制舆论的格局逐渐被打破。除传统媒体外,越来越多获取信息的渠道、方式、手段被人们广泛利用,媒体不再是稀缺资源,成为人人都可享有的必需品。借助微博、微信等新媒体,人们可以自由地发表个人意见,与他人进行互动交流,甚至可以把自己视作意见领袖,引起更多人的共鸣,推动舆论的走势。由此,以社会公众为主体的民间舆论场迅速崛起,打破了以往传统媒体"一家独大"的格局,形成民间舆论场与官方舆论场争夺舆论主导权的局面。

五、舆论传播更便捷

舆论传播是舆情事件生成中的重要一环。公众自由表达所形成的舆论,通

---

①   赵娅军:《网络舆论热点中的网民群体特征分析》,《当代传播》2015 年第 5 期。

过各种媒介、平台、渠道,运用多样化的方式、手段在社会上传播之后,基于普遍认同和话语共识,公众会对出现的舆论做出反应,群体成员之间相互感染并由此形成舆情的衍生与发散。伴随着移动应用技术的不断更新,几乎所有 PC 端上的功能都能在手机等移动终端上实现,而且更加方便、快捷。人们可以随时接收、传播信息,从而打破了传统媒体视域下时间和空间的限制,舆论的传播更加自由畅通。

新媒体时代下的舆论传播,除具有传播内容海量、传播范围更广的特点之外,还具有传播主体多元化、传播节点碎片化、传播速度瞬间化和传播方式群际化等一系列新特征。

(一)传播主体多元化

在传统媒体主导的时代,媒体充当着把关人的角色,牢牢掌握着主流话语权,传播主体非常单一。与之不同的是,自媒体取代传统媒体之后的新媒体时代,宣告着"全民麦克风"时代的来临,社会阶层之间的差异越来越小,每个人都掌握着话语权。且随着互联网普及率的不断增加,无论是政府官员、工薪阶层,还是学生、农民,社会各阶层的民众都可以在网络上表达各自的意见和诉求,话语权得以扩大,传播主体的多元化特征越来越突出。

(二)传播节点碎片化

当下快节奏的生活方式打破了人们原有的媒介接触时间和接触习惯。随时随地持续更新的信息资讯促成了人们碎片化阅读的习惯,同时信息的不完整性又导致了人们观点的片面性。在"人人都是通讯社,人人都有麦克风"时代,任何一个网民都可能成为信息的生产者、舆情事件的报道者,传播主体的多元化使得信息呈碎片化扩散。同一事件会有成千上万的公众在网上发表自己的意见和主张,加上众多评论和转发,使得舆论传播路线更加发散,整体朝着碎片化的网状方向发展。

(三)传播速度瞬间化

新媒体时代的舆论传播,迥异于传统意义上的传播。互联网技术下形成的信息实时发布机制,是任何传统媒体都无法比拟的。运用文字、图片、视频等全媒体形式,只要通过简单操作,便可瞬间将相关报道上传发布,形成新的信息;互联网的无障碍交流加快了媒体与受众之间的互动频率,使舆情信息得到快速传播和即时反馈。

(四)传播方式群际化

互联网环境下的舆论传播准确地凸显了群体传播的特点,是一种双向性的直线传播。个人不仅可以与个人交流互动,还可以与群体产生共鸣,并由此形成群体意志,支配群体行为。这也是当下群体性事件多发的原因之一。

六、政府引导舆论、处理舆论面临更多困境

综合上述内容可知,新媒体时代的整体环境相比于传统媒体时代,已经发生了翻天覆地的变化。以前,政府引导舆论的信息环境比较单一,引导策略更多以宣传为主。但在当下新的舆论环境下,传统的行政控制、媒体引导显然已经不合时宜。如突发性事件中政府回应舆情不及时、由于话语不当而掀起的舆论狂潮、事件处理中的政府失语、瞒报漏报而引起的公众抗议,都是当下政务舆情处理中存在的普遍问题,也是政府没有适应新形势调整舆论引导方式的表现。

在信息时代,网络是很多社会问题的原发地,也是政府解决社会问题的重要阵地。网络构建了共建共治共享的政府治理新平台,也消解了传统的意见表达机制,对政府治理提出了严峻的挑战。①

网络媒体缺少传统媒体的信息过滤程序,导致网络上虚假信息泛滥。其匿名性使网络民意的代表性、真实性和客观性受到挑战。互联网产业管理水平已经远远落后于互联网技术的发展水平。②

网络舆情应对的一个重要环节就是对舆论的引导,基于对现有调查的梳理,我们发现当前网络空间和现实社会渗透着复杂的社会心态,例如网友的结构性怨恨、仇富和仇官心理、低信任感、冷漠,等等。③ 网民复杂的心态增加了舆情应对的难度。

现代社会治理,实质上是各种社会关系的调适,在不同群体的利益平衡和调整中展开,其中,血缘、地缘、业缘和趣缘起到重要作用。在热点舆情的个案背后,是不同群体意见表达、利益诉求的寄托、聚焦和发酵。说到对社会舆论的正确引导,这"四缘"往往成为推波助澜的因素。④ 这更体现了网络舆情应对的复杂性。

---

① 李齐、李建呈、李松玉:《网络社会政府治理变革的逻辑结构》,《中国行政管理》2017年第 7 期。

② 高玉玲:《论网络舆情与网络文化的互动机制》,《新闻战线》2016 年第 8 期。

③ 《张志安:社会心态调适与网络舆论引导策略》,微信公众号"一本政经",http://mp. weixin. qq. com/s/pEWToZGv3tkp1YzIl4OnQg,2016 年 12 月 30 日。

④ 人民网舆情监测中心:《祝华新:舆情应对中的血缘、地缘、业缘和趣缘》。

第二节　新媒体时代的情感表达

一、情感概述

人类情感异常复杂,尽管对情感的表达和解释具有文化差异,但有些情感具有普遍性,通常被称为基本情感。研究者普遍认同高兴、恐惧、愤怒、悲伤是人类的几大基本情感。① 郭景萍在专著《情感社会学理论历史现实》中首先对情感概念做出了社会学规范性的界定——主观社会现实②,新闻传播中所探讨的情感更多的是一种公共情感。人的社会关系决定着人的态度,而态度会产生情感。情感经由各种媒介的传播进入公共领域,形成公共情感。对比来看,群体情绪更强调"群体",公共情感则更强调"公共领域"。

文化理论家雷蒙·威廉斯(Raymond Williams)于 1954 年在《电影序言》(*Preface to Film*)中首次提出了"情感结构"的概念,用以描述某一特定时代人们对现实生活的普遍感受。威廉斯使用"情感结构"来强调社会生活过程中的一种共同的情感或经验,主要与艺术形式相关。这种情感结构本来是用于解释在艺术家和普通受众之间进行沟通和理解的桥梁,而且威廉斯也指出,这种情感结构具有某种稳定性和内在传承性,对于理解历史上某个时期的文化与生活方式具有重要的作用。威廉斯强调无意识状态下的情感结构,即深层的共同性,并指出它是一个时代文化的基础,也是共同体之共同生活的基础。每个时代都根据文化进行创造性反应,并将其塑造成一种新的情感结构。威廉斯说:"情感结构是一种动态性的社会经验,一种物质性的文化实践,与整个社会的变革相关,因此成为一种文化分析的工具。"③

社会转型时期发生的一些结构性变动也塑造了公众的情感结构。这些结构性变动是非常广泛的,它包含政治、经济、社会、文化等领域的一系列变革。

---

① ［美］乔纳森·特纳:《情感社会学》,孙俊才、文军译,上海人民出版社 2007 年版,第9 页。转引自党明辉:《公共舆论中负面情绪化表达的框架效应——基于在线新闻跟帖评论的计算机辅助内容分析》,《新闻与传播研究》2017 年第 4 期。

② 游泓:《情感与信任关系的社会学研究》,博士学位论文,武汉大学,2009 年。

③ 李丽:《雷蒙·威廉斯的"情感结构"理论析论》,《吉首大学学报》(社会科学版)2015年第 3 期。

比如,在社会领域,市场经济的发展加速了个体在不同空间的流动,传统的关系网络被打破,这有可能塑造出新的情感结构。再比如,在文化领域,市场化的报纸与电视媒体、期刊,以及互联网技术的发展,已经成为转型时期的文化景观,它们也有可能生产出新的情感结构。

中国先民的心理具有独特的情感原型,可称为集体无意识,也就是深层心理结构。① 第一种是中国传统的伦理与情感。第二种是革命的观念。20世纪中国发生的历次革命对中国人的情感结构影响深远,政治观念、道德观念都发生了深刻的变化,都在某种程度上影响着当前社会转型时期的公众情感。第三种是一些来自西方的价值观念,它也在一定程度上塑造了中国人的情感结构。这些不同情感相互作用,共同塑造了公众的情感体验。

情感社会学对于情感的研究不同于心理学的地方在于,它更专注于社会的共同情感及其形成的深层动力机制,从情感的维度切入社会的结构性问题,探讨社会共同体的建构。② 面对国家的时候,始终作为原子化的个体、看似沉默的普通人,一旦被某种激情所感召,会变得强大无比。③ 因此这种公共情感的力量并不在于个体,而在于群体。通过各种与情感相关的符号的分享,共享特定的知识和意义,网民则借助这种独特的情感体验,构建一种精神共同体。他们通过对一些文本做出相似的诠释,并建构、分享与再生产意义,是进行公共情感实践的重要方式。

二、情感表达在舆情事件中的作用

2017年6月20日,人民日报官方微博发布了一篇题为《刘国梁不再担任国乒总教练》的快讯,内容为:经中国乒乓球协会代表大会常务委员会讨论决定,刘国梁担任中国乒乓球协会副主席。④

6月24日21时,人民日报官方微博又发表了后续消息,题为《中国乒协声明:对运动员和主管教练擅自弃赛,深感震惊和痛心》,内容为:中国乒乓球协会今晚发布声明:6月23日,运动员马龙、许昕、樊振东及主管教练秦志戬、马琳,

---

① 周艳:《情感原型的当下复现:情感诉求广告》,《中华文化论坛》2013年第5期。

② 洪杰文、朱若谷:《新闻归因策略与公众情感唤醒:当代热点舆论事件的情感主义路径》,《武汉大学学报》(人文科学版)2016年第4期。

③ 渠敬东:《涂尔干:社会与国家》,商务印书馆2014年版。

④ 消息内容均来自于人民日报微博客户端,https://weibo.com/rmrb? refer_flag＝1001030101_。

在未经批准的情况下擅自放弃参赛,造成严重社会影响。对此,中国乒协深感震惊和痛心。乒协称将对此事件暴露的问题深刻反思。①

当晚人民日报官方微博又发布了《乒协回应刘国梁不再担任总教练:希望他在更高平台上发挥专业特长》一文,内容为:中国乒协表示,鉴于刘国梁对中国乒乓球队的贡献和个人能力,协会提出由他担任中国乒乓球协会副主席,希望他在更高的平台上继续发挥队伍管理、训练、比赛等方面的专业特长。协会为此专门与刘国梁本人进行了沟通。②

从人民日报官方微博发布的第一篇与刘国梁事件相关的快讯开始,网民集中爆发了对中国乒协任命刘国梁为中国乒乓球协会副主席而不再担任国乒总教练这一决定的消极情绪。前两篇报道的评论数均在 1 万条以上,第三篇报道的评论数为 8103 条,热度最高的前 100 条评论的内容,近 90％都是对乒协决定的失望、吐槽、反讽和批评等消极情绪。③

庞大的粉丝群体产生的维护行为,很容易将明星新闻发酵为明星舆情事件。刘国梁在带领中国乒乓球队取得一次次国际比赛的冠军之后,成功地成为大多数人心目中的偶像,其微博粉丝数也高达 209 万④,同时还有许多称为“路人粉”的隐性粉丝。这些粉丝出于维护刘国梁的心理,形成了通过评论表达情绪的行为,甚至产生对体育总局的厌恶情绪,出现网络谩骂行为,这种因维护心理而产生的网络情绪不仅具有集中爆发的特点,还具有持久的特点。

情绪(emotion)一词的原义是活动、搅动、骚动或扰动,后来被用于描述个体精神状态的激烈扰动。⑤ 情绪可以促进人们之间的情感交流,引发情感共鸣,情绪也易从人际情感交流中产生,尤其是在新媒体环境下,开放的社交网络平台促成了一个又一个自愿组建起来的社会群体,这些社会群体形成了其独特的社会认同,以此区分于其他社会群体。在这些社会群体中,人际交流同样影响着情绪,并且更容易引发群体情绪。除了已呈现一定社会认同倾向的固定社会群体外,在网络舆情事件中,群体情绪也易由某种被多数人认可的社会认同引

①　消息内容均来自于人民日报微博客户端,https://weibo.com/rmrb? refer_flag＝1001030101_。

②　消息内容均来自于人民日报微博客户端,https://weibo.com/rmrb? refer_flag＝1001030101_。

③　内容和数据均以笔者查阅时间为准。

④　数据以笔者查阅时间为准。

⑤　孟昭兰:《人类情绪》,上海人民出版社 1989 年版,第 13-14 页。

发,这种群体情绪往往出自未定型的默认社会群体,群体间没有太多交流和互动。如果不对网络上偏激的群体情绪加以引导,其传播往往会导致网络群体性事件的发生。根据网络集体行动认同情绪模型,可以观测网民群体的社会认同。

第三节 舆论事件情感分类及举例分析

一、网民情绪研究概述

随着新媒体的迅速发展,网络舆情及情绪的传播更新、更快、更难控制。网友通过网络可以很快知晓新的涉及自身利益的突发事件,产生各种或积极或消极的情绪,并在网络上展现出来。而微博、微信等公共社交平台将人际关系重新划分,聚集起各种拥有某一同质特征的群体,在这种情况下,个体情绪更容易受到影响,情绪的传播变得更加难以预测和控制。尤其当消极事件发生时,群体性的单一负面情绪更容易爆发和极端化,导致次生伤害。在此背景下研究网络舆情与情绪传播的关系,对于理解网友的诉求点和疏解网友的情绪,了解网络舆情产生、迅速发酵和平息的过程,掌握不同内容对网络舆情的影响力差异,都有重要的价值。

(一)网民情绪研究的意义

1. 为认知网络情绪传播特点提供参考

网络情绪的爆发、传染、消解这一过程是一个尚未被完全认知的复杂问题。网络情绪不只是对网络事件的反映,它也反映出社会上存在的问题,关乎现实生活中的方方面面。一旦网络上的舆情事件与自己现实中的利益产生关联,网民情绪就极易被点燃,很容易产生非理性情绪,造成舆论大爆发,网络群体事件也由此而起。因此,研究社会热点事件中网民情绪的爆发过程,有助于全面了解网民情绪表达的相关规律。

2. 为应对网络舆情中网民不稳定情绪提供启示

网络具有的开放性、匿名性、交互性特征,使得网民极易形成网络群体,而群体中情绪的暗示和感染具有很强的辐射性。近年来,网络暴力、网络恐慌、网络谣言等的蔓延,都与网民情绪不稳定密切相关。所以对网民情绪的传播进行研究十分必要,可以帮助政府、企业及网站管理者了解网民情绪传播的特点,在面对重大舆情事件时,能更好更及时地控制、安抚网民情绪,维护网络社会的和谐、安定,并为政府更好地治理网络社会提供依据。

3.为政府处理政务类舆情事件提供参考

在互联网时代,新媒体赋予了公众更多的话语权,公众表达意见、建议的诉求日益强烈,尤其热衷于讨论政务与民生问题。人民网发布的《2016年中国互联网舆情分析报告》显示,党政机关和事业单位发布的各类法令、政策、规章,以及执行的方式方法,是网民最为关注的话题。[1] 自从新媒体成为重要传播渠道之后,政府对网络舆情事件的应对一直不太及时和不够完善,使政府公信力受损,因此有必要深入研究网民情绪特征和传播规律,为政府在应对各种政务事件和突发性、群体性事件时更好地把握网民情绪提供借鉴。

(二)相关研究综述

天津社科院刘毅[2]认为网络舆情的主要特点体现在以下六个方面:自由性与可控性、互动性与即时性、丰富性与多元性、隐匿性与外显性、情绪化与非理性、个性化与群体极化性。

对于情绪的起源,一般有两种看法,一种认为情绪是自然选择的结果;另一种认为它是社会化的结果,是文化塑造的产物。而大部分学者比较认同的观点是,情绪既有进化的基础,又是社会建构的结果,与生俱来的情绪是基本情绪,而那些受到后天社会文化影响而形成的情绪则属于非基本情绪。[3]

彭鹏[4]认为网络上的舆论多半是一种情绪的宣泄。王红曼[5]、徐家林[6]认为,网络情绪是现实情绪在网络上的一种表现形式。唐超[7]、许莹[8]认为,网络

---

① 《2016年中国互联网舆情分析报告》,人民网,http://yuqing.people.com.cn/GB/401915/408999/index.html。

② 转引自曾润喜:《我国网络舆情研究与发展现状分析》,《图书馆学研究》2009年第8期。

③ 叶勇豪、许燕、朱一杰等:《网民对"人祸"事件的道德情绪特点:基于微博大数据研究》,《心理学报》2016年第3期。

④ 彭鹏:《网络情绪型舆论的调控》,《军事记者》2004年第7期。

⑤ 王红曼:《论网络民族情绪的宣泄与疏导》,《云南民族大学学报》(哲学社会科学版)2010年第3期。

⑥ 徐家林:《情感取向与高校马克思主义理论教育》,《中国青年政治学院学报》2011年第3期。

⑦ 唐超:《网络情绪演进的实证研究》,《情报杂志》2012年第10期。

⑧ 许莹:《网络群体传播中反向社会情绪的放大效应及其疏导》,《中州学刊》2013年第6期。

情绪是网民这一群体的集体情感反映,是网络舆情的一个组成部分,网络情绪不仅能够通过网络动员机制决定网络舆情的组成,而且还是决定网络舆情发展方向的重要因素。

网民行为具有群体特点,群体情绪具有感染性且易受暗示。隋岩、曹飞①认为,互联网和其他新媒介传播使世界历史迎来了一个新的发展阶段——群体传播时代。赵娅军②认为,互联网当中的个体参与网络热点事件时的态度和方式,异于日常生活中个体的行为方式而接近于勒庞所提出的"心理群体"。群体感情狂暴,缺乏理性,群体行为具有冲动性。许莹③认为,新媒体背景下社交媒体的广泛使用使群体选择代替了媒体选择、碎片化传播代替了完整传播、多向传播代替了单向传播,反向社会情绪在传播过程中更易出现并扩散,导致"弱信息、强情绪"、正面事件暴力解读等现象。网络情绪传播具有传染性快、影响恶劣的特点。刘艳红④、匡文波⑤认为,目前互联网平台尤其是以微博为代表的自媒体平台成为网络舆论的集散地,情绪化言论借助微博快速传播,甚至危及社会稳定,网络中的情绪言论折射出网络狂欢的行为。

郑宛莹⑥通过对李天一事件的分析,认为网络上关于严惩李天一的舆论趋向于戏剧化,呈现出情绪型舆论的特点。如果没有媒体积极的引导,公众对干部阶层的仇视态度很可能会升级,法律也可能因此被舆论绑架。孙立明⑦、阴雅婷⑧认为,网民的情绪和意见就是当前社会情绪和民意的主流,具有消极情绪和积极情绪的两面性。

互联网的出现不仅改变了公众情感的表达方式,也借助网络的开放性放大了公众情感的影响力。诸如愤怒、同情、讽刺等情感在网络空间中扮演着重要

① 隋岩、曹飞:《论群体传播时代的莅临》,《北京大学学报》(哲学社会科学版)2012年第5期。

② 赵娅军:《网络舆论热点中的网民群体特征分析》,《当代传播》2015年第5期。

③ 许莹:《网络群体传播中反向社会情绪的放大效应及其疏导》,《中州学刊》2013年第6期。

④ 刘艳红、赵志强:《微博情绪型言论调控及引导》,《新闻传播》2011年第12期。

⑤ 匡文波:《网络非理性情绪的产生、蔓延与应对策略——关于城管执法问题的网络舆情分析》,《人民论坛·学术前沿》2013年第9期。

⑥ 郑宛莹:《从李天一事件谈媒体对于网络情绪型舆论的引导》,《现代传播》2013年第12期。

⑦ 孙立明:《对网络情绪及情绪极化问题的思考》,《中央社会主义学院学报》2016年第1期。

⑧ 阴雅婷:《从"小丽"事件看网络情绪传播管理》,《青年记者》2007年第22期。

的角色,在各种舆情事件的讨论中,公众表达着各式各样的情感。情感实际上表达了网民(公众)的某种期待。在大众传媒时代,公众表达情感的渠道与其所造成的影响力都囿于技术因素被限制在微乎其微的范围内,但网络公共领域中,情感的传播方式多元化,更加容易得到响应与反馈,也使得情感的表达日益泛滥。当代的情感表达不只是推动了网民的政治参与,而且影响了政府行为。也有学者提出"情绪共同体"的概念,即网民被共同的兴奋、愤怒、怜悯、仇恨等集体情绪所感染,为集体亢奋所激动、裹挟。政府治理舆情的根本解决之道,就是改变公共权力的运作方式,真正做到"权为民所用,情为民所系,利为民所谋"。①

二、典型舆情事件统计与分类

舆情事件所引起的公众情感的不同类型往往会造成不同的社会影响。依据公众不同的情绪可将公众情感分为质疑谴责类、戏谑讽刺类、民族正义类、同情悲哀类及愤怒厌恶类。(舆情事件中包含的情感类型往往不止一种,本章分类依据从事件整体出发,选择最突出的情感类型)为结合时事,本书选择了一些近年来较有代表性的舆情事件。

(一)质疑谴责类

法国社会学家涂尔干在《道德教育》一书中指出,"受到谴责和被贬斥"就是一种道德惩罚,道德惩罚在今天更多地指观念、舆论或道义性的惩罚。

以质疑、愤怒情感为主导的事件主要有 2017 年 8 月 9 日发生的南航选座事件、温州动车事故,以及桃江四中肺结核事件、中关村二小校园欺凌事件。这些事件中公众情感多以质疑、谴责为主。

南航选座事件缘于 8 月 9 日民航资源网上一篇题为《"只要前 11 排座位的旅客"——为政府执行要务护航》的文章。有人力挺南航"积极做好公务服务",也有人质疑"官员官僚,南航拍马"。此事件原本为一乌龙事件,但因为涉及"官员"问题,很容易让公众丧失理性,在真相尚未查明之前,公众心中往往已经有了定论。无论政府人员有没有被航空公司特殊对待,公众在此后都很难转变质疑、谴责的态度。

同时,这一事件中南航回应的关注点错放在了宣传稿"该不该发"上。第一次回应中南航西安分公司紧急撤稿,向媒体表示该报道为误发,有网民称"也就

---

① 成伯清:《"体制性迟钝"催生"怨恨式批评"》,《人民论坛》2011 年 18 期。

是说可能该报道只适合'内部',不适合对外发布";第二次回应中南航又称宣传稿所述不实,两次回应中有明显的矛盾和模糊之处,激起网友更大的质疑和鄙视,最后的结果是极大地损害了政府公信力,破坏了政府与公众的关系。

同样,温州动车事故也是直接涉及政府部门或政府人员的事件,温州动车事故是 2011 年 7 月 23 日发生的一起应急处置不力等因素造成的责任事故。次日铁道部新闻发言人王勇平的不适当言论激化了公众负面情绪。

对新浪微博中关于温州动车事故的高频实词进行统计,截至 2011 年 8 月 8 日,名词高频词的前三位分别是"铁道部""安全""生命",说明由于事故处理不力,引发了网民对铁道部的集体讨伐。动词高频词的前三位分别是"追尾""脱轨""质疑",这些高频词一方面反映了动车追尾、脱轨给公众造成了强烈的冲击,另一方面也反映了公众对事故原因的质疑。形容词高频词的前三位分别是"安息""腐败""坚强",一方面表现了公众对遇难者的哀悼,另一方面则表现了公众对于铁道部的不满和愤怒,不仅仅是温州动车事故本身,还追问到腐败等深层次问题。①

两起舆情事件中,政府没有很好地处理问题,导致公众的谴责情绪更加强烈。

桃江四中肺结核事件,以及中关村二小校园欺凌事件,涉及社会普遍关心的问题——青少年的健康成长。除却肺结核、校园欺凌本身对学生造成的伤害,学校的态度、处理方式也让公众担忧:青少年的安全是否有保证?

桃江四中肺结核事件中,本来早在 2016 年就有学生患病的迹象,但当地学校和政府对于学生陆续被查出肺结核的情况是持一种近乎漠视的态度,一直没有重视事件本身,导致该事件在网上曝光之后,引发网友的爆炸式关注和强烈谴责。这次事件反映出的问题除了基层公共卫生防控分布不均衡,缺乏应对经验外,更多的是对学生健康的忽视。涉事学校和当地政府的漠视导致了疫情的扩散与蔓延,也自然引发了网络情绪的爆发。

中关村二小校园欺凌事件虽然主要关注点在于校园欺凌、校园暴力,但引起网友情绪波动的还有学校和老师对此事的态度。老师将此事定性为"开了一个过分的玩笑",受到诸多网友的质疑和谴责;校方缓慢的回应速度使得事件远远超出学校能妥善处理的范围,也使得负面舆情的管理难度加大。市教委和区教委的回应发声同样姗姗来迟,但其刻板、形式化的表态也无法让网友满意。

---

① 万周凤:《"7·23 温州动车事故"舆情研究》,硕士学位论文,湖南大学,2012 年,第15-19 页。

校方对校园欺凌的冷漠态度引发网友对青少年健康的担忧。

(二)戏谑讽刺类

戏谑原是指表意人基于游戏目的而做出表示,并预期他人可以认识其表示欠缺诚意,即当表意人预期他人可以认识其表示欠缺诚意时,其意思表示无效。① 戏谑的背后是情绪的宣泄和缓解。

戏谑讽刺类的事件往往涉及社会伦理道德,尤其是违背常理的事件,如马桶盖事件和宁波雅戈尔动物园老虎咬人事件。

虽然马桶盖事件的真相是当事人并没有偷马桶盖,但多数人并不关注事实真相,而是在消息刚被传出时,就认定这件事"很丢脸",涉及"民族尊严",不少网民狠批涉事夫妇:"厕所板也要偷,不嫌臭啊""中国人的形象就是给这种人败光的""中国人的脸算是让你丢尽了。据说这对夫妇是某地银行职员,收入也不低,可这么下三滥的事儿也干得出,只能说是素质问题了。奉劝某些人,在外做不道德事儿前好好想一想,就算你不要脸,也不应让全体同胞跟你一起丢脸",公众不只是自嘲,更是自我讽刺、戏谑和无可奈何。

这一事件中政府的应对较为合理。在该事件引起讨论的当天,宁波市旅游局就启动舆情应急机制,立即召集相关旅行社进行调查核实,最后通报了"游客偷日本酒店马桶盖"事件,澄清了事件情况,告知公众游客并非宁波人,拿走马桶盖不是偷,只是因为当事人以为是其他游客的遗失物品,在弄清情况后也马上把马桶盖交还给了酒店,等等,防止了舆情的进一步扩散和谣言的蔓延。

而宁波雅戈尔动物园老虎咬人事件,则引来很多网民的段子调侃,大意都是为老虎感到不值。很多网友同情老虎,认为"老虎一点责任都没有,为什么要打死老虎""明知道是老虎你还要爬进去,不买票,死了活该"。知名网络写手"和菜头"在公众号上发文《纪念一头老虎》,并在文中嘲讽:"野生动物要为别人的愚蠢付出自己的生命作为偿还。"也有不少媒体和自媒体人发表相反的观点,凤凰网发布评论《老虎咬人,到底什么是规矩?》,作者刘元举对于网民这种近似于集体狂欢式的戏谑、冷漠和鄙视的情感表示谴责:"人们不该为此幸灾乐祸!应让位于拯救人的生命!真正可怕的不是这些言论,而是这背后折射的人心。"这一事件的相关舆论分为"同情老虎"和"同情游客"两种,这种对立的情感和观点也引发了网友和媒体的共同关注与思考。

① 郑满宁:《"戏谑化":社会化媒体中草根话语方式的嬗变研究》,《中国人民大学学报》2013 年第 5 期。

(三)民族正义类

在传统情感中,民族情感一直处在道德伦理情感的规范之下,从而成为伦理化的民族情感。[①] 传统民族情感在近代发生了重要的转变,这种转变的外在形式是传统优越型的民族情感模式逐步解构,近代的理性精神借助于传统的忧患意识部分地渗透、融汇于国人的民族情感中。[②]

2016 年的马里兰留学生演讲事件是典型。国人对有损国家形象的言论格外敏感,加上该留学生为中国人,且言论的公正性不受认可,不免有"阿谀奉承"之嫌,网民的言论基本一致地表现为谴责和批判,如:"这锅我们不背,你这种人我们不要""对自己的祖国没有丝毫尊重和爱护,这就是你的大学教给你的吗""留学生不能用贬低自己的祖国来获得掌声。还有,你谄媚的姿态真让人恶心"……有一部分网友则由此反思和正视我们在环境保护工作中的不足。

此外,还有马桶盖事件、钓鱼岛事件、萨德事件、日本 APA 酒店事件等涉外且与民族情感有关的事件,尤其容易引起人们"为民族伸张正义"的共同情感,可以看出,在这些事件中,网友的情感很容易走向偏激,事件发展过程中也出现过一些极端行为,需要及时引导。如何平衡这类事件中的各种情感,是政府和媒体需要考虑的。

(四)同情悲哀类

亚当·斯密在《道德情操论》中谈到"同情"时说:"这是我们对他人苦难的共同感的根源,就是通过改换位置去想象受难者,同时我们开始想象或被他的感受所感染。"[③]在这一段表述中,他解释了同情产生的原因。这种换位思考被称为移情,使得同情这种道德情感具有极强的传染力。

如江歌被害案件中,焦点是刘鑫的丧失道义和对友谊的背叛。一方面,江歌母亲失去独女的不幸极易引起人们的同情;另一方面,人们更加遗憾江歌为刘鑫这样的"朋友"白白牺牲。这样的同情和遗憾也造成了对刘鑫的大范围批判,刘鑫成为万人所指,除了对她不负责任的行为的愤怒和批判,网络平台上还出现了恶意攻击和人肉搜索,让刘鑫和江母之间的裂痕更深。

---

① 陈曼娜:《传统民族情感方式在近代的畸变:兼论义和团运动时期不同形态的民族情感方式》,《湖北大学学报》(哲学社会科学版)2000 年第 6 期。

② 同上。

③ Robert Sugden, "Beyond Sympathy and Empathy:Adam Smith's Concept of Fellow-feeling ", *Economics and Philosophy*, Vol. 18, 2002, pp. 63-87.

还有杭州保姆纵火事件,一夜之间失去妻子和三个年幼的孩子,家毁人亡的幸存者林生斌得到公众深切的同情,也由此引发对保姆莫焕晶、小区物业等事件过错方的高度关注和谴责。

16岁少女弑母事件,本来是一个刑事案件,但却引发了公众对事件当事人及死者的同情,以及对深层原因的关注。网瘾戒治学校的情况也受到网友的关注。这次事件中,家庭教育、网瘾等问题成为讨论焦点,公众没有过度谴责少女,而是相对理性地去追究原因。

榆林产妇坠楼事件由于涉及伦理道德问题,引发了网络上广泛的讨论和情感宣泄。该事件中对坠楼产妇的同情是网友表现出的最主要情绪,同时还有对产妇家属和院方的谴责,以及对医疗制度和医院规定的反思。知名媒体人王志安认为,"院方利用自己的信息优势和专业壁垒蓄意向死者家属泼脏水,违法散布死者的病程记录是恶劣的行为"。复旦大学EMBA同学会理事施力勤则认为,"表面上看,产妇家人一窝子人渣,正好碰到了各种没人性的规定,导致了这么个后果",实际上,"看上去没人性的规定,那也是医院用血泪换来的教训:为了减少自己的责任,防范医闹"。这一事件的话题焦点是人性和医责,本来可以避免的情况最后却导致这样极端的悲剧,引发网友激烈的讨论和情绪宣泄。

(五)愤怒厌恶类

愤怒情绪是人类最基本的情绪之一,常常是语言暴力和肢体暴力的启动情绪。对于同一社会事件,愤怒的影响方式更具威胁性,偏激的归因可能导致不良行为,影响社会稳定。[①]

群体所独有的特点使得群体情绪具有极强的感染力和暗示效果,处在网络群体中的个体有更多的可能被影响,而且庞大的网络群体会使得群体情感具有更大的爆发力,尤其是像愤怒这种容易丧失理性的情感。

2017年的南京南站猥亵女童事件,让人们对挑战道德底线、伤害儿童的行为忍无可忍,在网上大规模的转发传播和迅速开展起来的"人肉"行为体现出网友的急切和愤怒,但这种非理性的"人肉"行为和网络暴力在网友不明真相的大规模跟风转发之下,也影响到一些无辜的人。

2017年的红黄蓝幼儿园事件,引起了人们对幼儿园教育的关注,同时因为

---

① 周云倩、胡丽娟:《微博舆论场愤怒情绪的传播与疏导:以"福喜事件"为例》,《江西社会科学》2015年第11期。

幼师伤害幼儿的行为事件在那段时期频频爆出,引起公众的广泛担忧,加之跟其他早教或托儿机构比,涉事幼儿园有更多光鲜的头衔——"中国早教领导品牌""中国第一家独立上市的学前教育企业""营业规模、市场份额等均位列中国学前教育行业第一"等,这样知名的机构还爆出这样的丑闻,网友的愤怒情绪自然被激化。事件本身的恶劣性质吸引了更多网友的关注,同时网络中各种谣言不断,加大了公众的恐慌和愤怒情绪。事件所涉及的亲缘关系更是让很多年龄相仿的父母群体对孩子的健康成长感到担忧,在当时近乎引发全民探讨,"善良"和"人性"的话题不断被提及。

第四节　舆情事件及事件情绪拐点分析

本节选取了 10 起在近几年发生的,极具话题性的关于社会伦理情感的舆情事件,通过分析这些代表性事件,借助"鹰眼舆情"所提供的事件走势图,分析事件拐点变化规律,探究出现事件拐点的原因,以及背后的情绪变化规律。

一、舆情事件分析[①]

(一)2017 年陕西榆林产妇坠楼事件

2017 年 8 月 31 日 20 时左右,在陕西榆林市第一医院绥德院区妇产科,一名孕妇从 5 楼分娩中心坠楼,经抢救无效死亡。9 月 3 日,榆林市第一医院发表声明,称因为家属多次拒绝实施剖宫产,最终导致产妇难忍疼痛、情绪失控跳楼。但家属表示事实并非如此,称曾同意实施剖宫产,是医院拒绝产妇剖宫产致使产妇难忍疼痛跳楼。双方矛盾的说辞在网络上引起激烈讨论,经媒体报道后更是引起广泛关注。

9 月 6 日,榆林市第一医院就事件相关情况和大众关注的疑点再次发表声明,并公布监控录像截图,图中孕妇有对家属下跪的举动,医院和家属各执一词,引发讨论。9 月 7 日,榆林市卫计局公布了调查结果:产妇入院诊断明确、产前告知手续完善、诊疗措施合理、抢救过程符合诊疗规范要求。

这一事件引起网友热议,相关话题分析详见图 7-1。

---

① 本节 13 起舆情事件的网民话题分析图和网络舆论分析图均来自鹰眼舆情观察室。

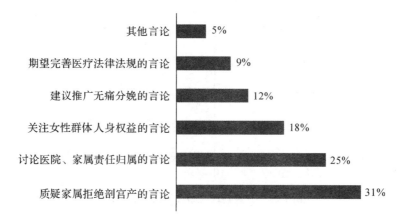

图 7-1　"榆林产妇坠楼事件"网民话题分析

鹰击微博舆情显示,2017 年 9 月 3 日至 9 月 6 日,榆林产妇坠楼事件引发微博网友热议,相关舆情在 9 月 6 日 8:00—10:00 达到高峰(见图 7-2)。

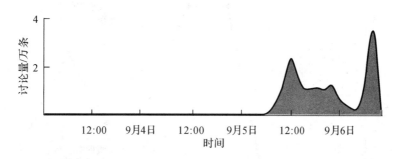

图 7-2　"榆林产妇坠楼事件"网络舆情分析

(二)2016 年甘肃杨改兰事件

2016 年 8 月 26 日下午,甘肃农妇杨改兰先后让四个孩子服毒,然后自己服毒自杀不治身亡。几日后,杨改兰的丈夫李克英也服毒自杀身亡。9 月 8 日,该案件经媒体报道后,"三年前被取消低保资格"等话题引起网友的关注,这起案件迅速成为舆论关注焦点,事件舆情热度持续升温。9 月 9 日,当地政府发布通报,对案件经过和背景做出说明。

9 月 11 日,微信公众号"港股那点事"发表一篇署名为"格隆"的文章《盛世中的蝼蚁》,引发大规模的转发评论点赞,也引起争议,将针对案件的讨论再次带上一个高峰。这一事件多次引起网友热议,相关话题分析详见图 7-3。

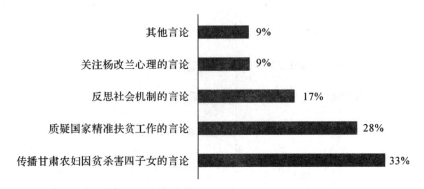

图 7-3   "甘肃杨改兰事件"网民话题分析

鹰击微博舆情显示,2016 年 9 月 7 日至 9 月 23 日,"甘肃杨改兰事件"引发微博网友热议,相关舆情在 9 月 8 日—9 月 9 日达到高峰(见图 7-4)。

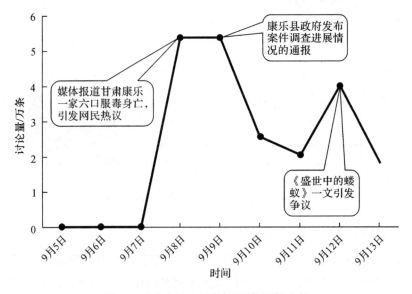

图 7-4   "甘肃杨改兰事件"网络舆情分析

(三)2016 年北京中关村二小校园欺凌事件

2016 年 12 月 8 日,一篇题为《每对母子都是生死之交,我要陪他向校园霸凌说 NO》的文章在微信朋友圈广泛传播,文章中称北京中关村二小对校园欺凌事件处理不当,把欺凌仅看作"过分的玩笑",引发舆论关注。

12 月 10 日,中关村二小对这起校园欺凌事件做出回应,称其言论不实,并表示"让教育问题回归校园进行处理",引起网友的不满和指责;也有不同的声音认为该家长夸大事实。13日,中关村二小再发声明,披露警方调查结果,将事件定性为"偶发事件",认为不足以证明其构成欺凌或暴力行为。这一事件多次引起网友热议,相关话题分析详见图7-5。

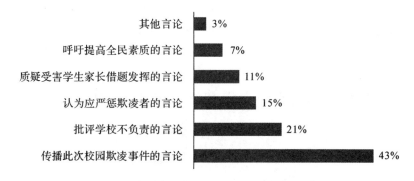

图7-5　"北京中关村二小校园欺凌事件"网民话题分析

鹰击微博舆情显示,2016年12月8日至12月13日,"北京中关村二小校园欺凌事件"引发微博网友热议,相关舆情在12月10日达到高峰(见图7-6)。

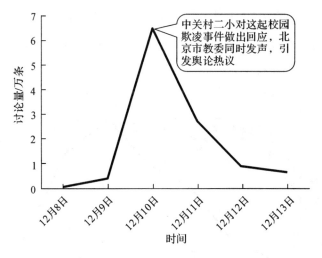

图7-6　"北京中关村二小校园欺凌事件"网络舆情分析

(四)2017年江歌遇害案再起波澜①

2016年11月3日凌晨,中国留学生江歌在日本中野公寓门外被好友刘鑫的

---

① 以2017年11月9日《新京报》的《局面》栏目采访当事人为主要关注点。

前男友陈世峰杀害,随后门内的刘鑫报警,江歌被送至医院不治身亡。事件自发生以来一直在网上引起关注和讨论,江歌母亲经常发布微博回顾案情、悼念女儿,并质疑处于消极失联状态的刘鑫,引起网友对江歌母女的同情和对刘鑫的愤恨。

2017 年 11 月 9 日,《新京报》的《局面》栏目陆续发布采访刘鑫和江母的视频,引爆舆论,也有不少人指责该栏目的做法。11 月 11 日,微信公众号"东七门"发布文章《刘鑫,江歌带血的馄饨,好不好吃?》,再次引发网友对刘鑫的指责。13 日,王志安在个人公众号上发布文章《关于"江歌案":多余的话》,引发大量转载。这一事件多次引起网友热议,相关话题分析详见图 7-7。

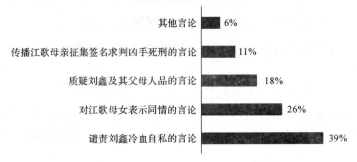

图 7-7 "江歌遇害案再起波澜"网民话题情分析

鹰击微博舆情显示,2017 年 11 月 9 日至 11 月 15 日,《局面》栏目发布采访内容及王志安发布公众号文章先后引发了微博网友热议,相关舆情在 11 月 13 日达到高峰(见图 7-8)。

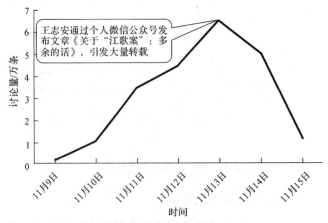

图 7-8 "江歌遇害案再起波澜"网络舆情分析

(五)2017 年携程亲子园虐童事件

2017 年 11 月 1 日起,上海携程托管亲子园教师虐打孩子的两段视频在网上流传,视频显示教师除殴打孩子外,还强喂孩子疑似芥末物,引发舆论关注和网友的愤怒。11 月 8 日,携程回应表示已开除涉事人员并报警,同时积极与家长沟通道歉。9 日,上海市妇联发布微博强烈谴责该起恶劣事件,并表示将开除园长在内的 4 位相关人员,后亲子园停业整顿。警方也做出回应,表示已刑拘涉事人。10 日,网上又爆出新的虐童视频,同样发生在该携程亲子园,引发网友讨论。这一事件多次引起网友热议,相关话题分析详见图 7-9。

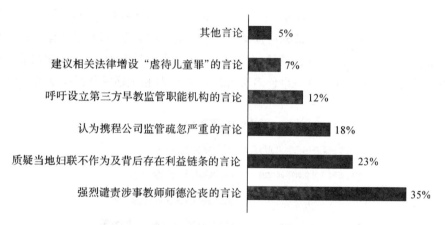

图 7-9　"携程亲子园虐童事件"网民话题分析

鹰击微博舆情显示,2017 年 11 月 8 日至 11 月 14 日,"携程亲子园虐童事件"引发了微博网友热议,相关舆情在 11 月 9 日达到高峰(见图 7-10)。

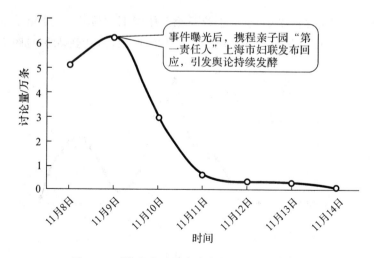

图 7-10　"携程亲子园虐童事件"网络舆情分析

(六)2017年马里兰大学留学生毕业演讲事件

2017年5月22日,中国留学生杨舒平在马里兰大学2017届毕业典礼上发表毕业演讲,内容涉及中国的环境问题和言论自由。这些言论在网上传播后引起舆论争议,该学生也遭到网友"人肉"。同日18时,杨舒平在微博上公开道歉,称对祖国和家乡并没有否定或贬低的意思,但未能平息网友的热议。此外,网友通过网络信息检索,发现马里兰大学校长存在反华倾向,引发新一轮出于民族尊严的愤怒情感。24日,在外交部例行记者会上,记者向发言人陆慷发问,陆慷表示任何一个中国公民对于任何事情都应该做出一个负责任的表态,只要最终他们还是从心底热爱祖国,愿意为自己的祖国做出贡献,相信中国是鼓励、支持和欢迎的。该发言的情感趋于理性。这一事件多次引起网友热议,相关话题分析详见图7-11。

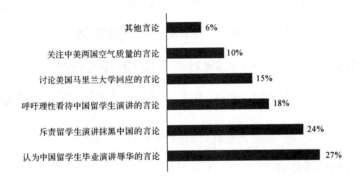

图7-11　"马里兰大学留学生毕业演讲事件"网民话题分析

鹰击微博舆情显示,2017年5月22日至5月23日,"马里兰大学留学生毕业演讲事件"引发了微博网友热议,相关舆情在5月22日21:00达到高峰(见图7-12)。

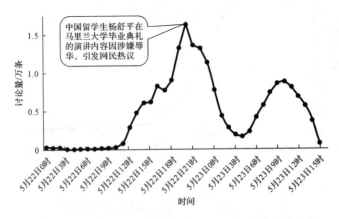

图7-12　"马里兰大学留学生毕业演讲事件"网络舆情分析

(七)2017 年杭州保姆纵火案

2017 年 6 月 22 日凌晨,杭州蓝色钱江小区一家庭保姆故意纵火,导致雇主母子 4 人死亡,引发舆论震惊。事后,涉事保姆嗜赌、偷窃等"黑历史"被不断爆出,而事发小区的物业公司绿城物业也被指责存在救援不力和安全管理漏洞等问题。随着绿城物业的回应,相关舆情在 6 月 28 日达到顶峰。这一事件多次引起网友热议,相关话题分析详见图 7-13。

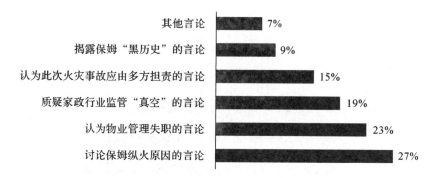

图 7-13 "杭州保姆纵火案"网民话题分析

鹰击微博舆情显示,2017 年 6 月 22 日至 7 月 5 日,"杭州保姆纵火案"引发了微博网友热议,相关舆情在 6 月 28 日达到高峰(见图 7-14)。

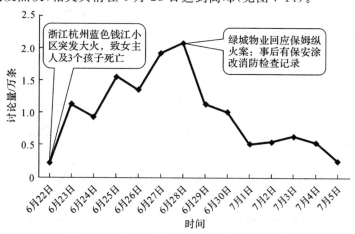

图 7-14 "杭州保姆纵火案"网络舆情分析

(八)2016 年深圳罗一笑事件

2016 年 11 月 25 日,罗尔通过微信公众号发布文章《罗一笑,你给我站住!》,并刷爆朋友圈,同时在营销公司推动下,引发捐赠热潮。

但很快有人表示质疑,也有知情人士爆料罗尔的家庭状况,称这是一次营销事件。11月30日,事件出现明显反转,引发舆论高峰。同日,罗尔通过媒体回应,承认知情人爆料属实,更是引起网友的愤怒。12月1日,罗尔发布文章向公众致歉并表示公众的捐款将全数退回,稍晚深圳市民政局发布调查通报,称罗一笑患病属实,慈善事业应理性探讨。12月4日,罗尔再次接受采访,回应为何不卖房救女,称三套房子是留给老婆和儿子的,引发网友讨论。这一事件多次引起网友热议,相关话题分析详见图7-15。

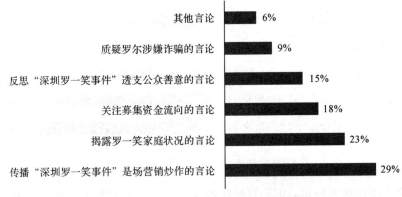

图7-15 "深圳罗一笑事件"网民话题分析

鹰击微博舆情显示,2016年11月29日至12月6日,"深圳罗一笑事件"引发了网友热议,相关舆情在11月30日达到高峰(见图7-16)。

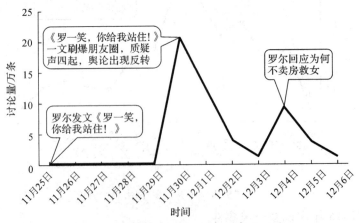

图7-16 "深圳罗一笑事件"网络舆情分析

(九)2017 年国乒退赛风波

2017 年 6 月 20 日,国家体育总局发布消息,刘国梁不再担任中国乒乓球队总教练一职,中国乒协也发布消息,国家乒乓球队管理模式将进行改革。有网友质疑,认为卸任总教练改任副主席是明升暗降,涉及体育体制改革,引发讨论。

6 月 23 日,国乒多名男队成员在成都公开赛上相继弃赛,并集体在微博喊话让刘国梁回归,引起球迷粉丝和众多网友的关注。6 月 24 日,他们删除微博并发布公开道歉信。6 月 25 日,国际乒联在其官网就中国公开赛三位中国选手集体退赛事件发布最新回应。6 月 27 日,当事人刘国梁进行回应,表示坚决维护和支持乒乓球改革,对球员退赛表示道歉。这一事件多次引起网友热议,相关话题分析详见图 7-17。

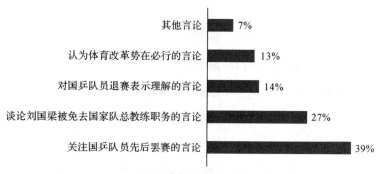

图 7-17　"国乒退赛风波"网民话题分析

鹰击微博舆情显示,2017 年 6 月 22 日至 7 月 5 日,"国乒退赛风波"引发了网友热议,相关舆情在 6 月 24 日达到高峰(见图 7-18)。

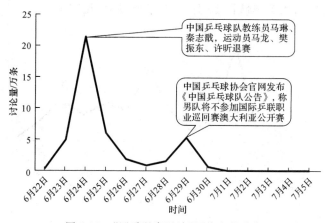

图 7-18　"国乒退赛风波"网络舆情分析

(十)2017年江西豫章书院事件

2017年10月26日,知乎用户"温柔"发文称,南昌豫章书院"戒网瘾"学校存在严重体罚、囚禁、暴力训练等问题,引起舆论广泛关注。次日,当地政府组成联合调查组进行调查。10月28日,又有微博用户爆出自己在豫章书院的亲身经历,该微博被大量转发,事件持续发酵。

10月30日,南昌市青山湖区多部门联合调查后回应,网帖反映的问题部分存在,书院确实有罚站、打戒尺、打龙鞭等行为和相关制度,对此,已责成区教科体局对该教育机构进行处罚,对相关责任人进行追责。11月2日,豫章书院申请停办获准许。11月5日,多名家长和学生到豫章书院拉横幅为其辩护,该场景被传到网上后再次引发网友大量讨论。这一事件多次引起网友热议,相关话题详见图7-19。

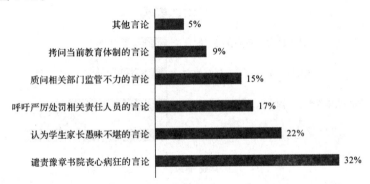

图7-19 "江西豫章书院事件"网民话题分析

鹰击微博舆情显示,2017年10月26日至11月7日,"江西豫章书院事件"引发了网友热议,相关舆情在10月28日达到高峰(见图7-20)。

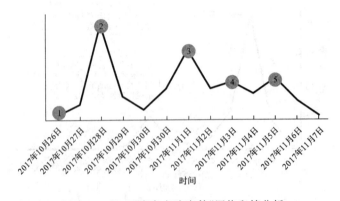

图7-20 "江西豫章书院事件"网络舆情分析

二、案例总结

(一)爆出事件细节往往具有放大事件的效果

细节往往能够使人们看到更加全面的事件发生过程,在事件刚被爆出的时候,信息往往不完整,人们会对此产生强烈的好奇心。所以一旦有更深的进展,便会引起人们更多的关注。网民在真相未明时倾向于保持理性和中立的态度,事件细节的爆出则会引起网民情绪的明显变化。

(二)官方回应内容本身极易引起网友情绪变化

官方回应具有较高的权威性,但在当前社会中,人们在相对相信官方回应的同时,也对其保持高度的怀疑。在很多舆情事件发生后,人们等待官方回应,并不仅限于等待"真相大白",也是在等待官方的态度。人们的情感、情绪不仅受事件本身的影响,还可能会因官方回应产生变化。

(三)"突出言论"及事件相关人员的回应极易引导舆论发展

所谓"突出言论",指的是具有很强的引导性、观点性的言论,这类言论往往来自网络中的意见领袖。在传统媒体时代,意见领袖是指那些具有专业知识的权威人士或者传统媒体中的职业新闻人。而在新媒体时代,意见领袖一般有文体明星、公共知识分子甚至草根阶层。他们是互联网催生的新权力阶层,往往拥有庞大的粉丝群,具有较大的社会影响力。正是由于意见领袖的存在,网络中出现了以意见领袖为中心的小群体。在这些小群体中,网民的情绪极易受意见领袖的影响。而事件相关人员在事件的舆论发展中,往往也能够起到意见领袖的作用。

自媒体时代产生了新的意见领袖,可以很容易地带动其受众的情绪,对事件的信息传播和情绪传播有着更强的影响力。在突发事件的讨论中,他们所持的态度、发表的内容不一定正确和公正,但也代表了一些人认可的观点,很容易基于自己本身的影响力,让网络情绪传播变得更加迅速和难以控制。

例如,2017年江歌案再次引发关注时,江歌母亲的每次发声都会引起网友的关注,在《局面》栏目安排的江歌母亲与刘鑫的见面视频中,江歌母亲对刘鑫的质疑、指责也成为网友批判刘鑫的依据。而微信公众号"东七门"的《刘鑫,江歌带血的馄饨,好不好吃?》一文引发网民对刘鑫的集体指责,这也使得江歌案在重新受到关注后,第一次出现"拐点"。网民的情绪也受到意见领袖所表达的对刘鑫的厌恶、质疑的影响,变得极端愤怒。

(四)事件出现反转易导致网民情绪出现极端化反差

无论是官方回应、事件相关人员的回应还是突出言论,都可能引起事件出现反转,而事件的反转极易导致网民情绪出现极端化反差,可能由理性变为极端不理性。

例如,2017年陕西榆林产妇坠楼事件,在事件爆出时,网民以为孕妇不忍疼痛,而医院拒绝进行剖宫产导致孕妇选择自杀,随后医院公布的视频录像截图显示,孕妇曾跪在家属面前,于是舆论瞬间从批判医院转向指责家属。

还有2016年的罗一笑事件,事件最早被网友看作一次爱心转发筹款活动,朋友圈几乎被罗尔的文章刷屏,但随着知情人士的爆料和网友的质疑,舆论出现反转,让转发或是捐款了的万千网友感到被骗,也对罗尔的行径深表不齿。强烈的心理落差导致网民情绪走向另一个极端,即对罗尔的"讨伐"。

第五节　基于情绪拐点的舆情案例分析

所谓事件的"拐点",指的是引起事件关注度(评论量等指标)发生突然变化的点。这些"拐点"的出现往往是因为事件发展过程中出现了特别的人或事,对事件产生了较大影响,或者对网民产生了较大影响。经过分析前文所述10个舆情事件的发展过程,不难看出,引起事件出现较大转折即"拐点"的原因主要有"官方回应""事件相关人员(包含直接和间接人员)回应""事件细节爆出""事件出现反转""突出言论"等(见图7-21)。根据图7-22第一个拐点出现原因的分布情况可知,事件出现第一个拐点的原因主要是因为官方回应,而由图7-23第二个及以后拐点出现原因的分布情况可知,第二个及以后的"拐点",出现的主要原因是事件细节被爆出。这些引起事件出现"拐点"的原因与网民情感、情绪

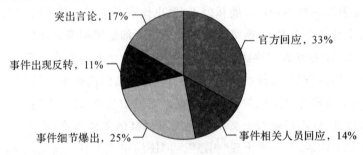

图7-21　"拐点"出现原因整体分布

变化有着密切的关系。本研究采用的研究方法是大数据分析法和内容分析法，根据相关研究采用的分类指标，提出本研究需要的参数指标，然后确立舆情事件内容分析的编码类目表（见表 7-1、表 7-2）。

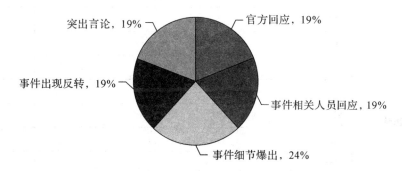

图 7-22 第一个"拐点"出现原因分布

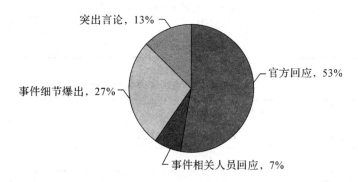

图 7-23 第二个及以后的"拐点"出现原因整体分布

表 7-1 舆情事件内容分析的编码类目

分类维度	类目	释义	代码	备注
用户类别	媒体		1	
	个人		2	
	门户网站		3	
	政务	政府及社会组织	4	
	企业及其他		5	
文本态度	积极		6	
	消极		7	
	中性		8	

续表

分类维度	类目	释义	代码	备注
道德情绪	敬畏	尊敬,钦佩,赞赏,支持	9	
	同情		10	
	自豪		11	
	感恩		12	
	愤怒		13	
	鄙视	调侃,讽刺	14	
	厌恶		15	
	内疚		16	
	羞耻		17	
	其他	无明显道德情绪,比如表达想念,客观态度	18	
	疑问	归类存疑待定,质疑,恐慌	19	

表 7-2　舆论事件拐点出现原因分布统计

拐点出现原因	对应事件数量/个		合计/个
	第一次拐点	第二次拐点	
官方回应	4	8	12
事件相关人员回应	4	1	5
事件细节爆出	5	4	9
事件出现反转	4	0	4
突出言论	4	2	6

　　下面选取两件代表性事件具体分析舆情事件中"拐点"出现的原因与网民情感变化的关系及规律。

一、刘国梁卸任国家队总教练事件的网络情绪传播研究

　　根据该事件发生、发展的时间,笔者选取 2017 年 6 月 20 日—6 月 27 日为研究范围,用 Python 软件抓取微博数据,获得 2160 条数据构成原始样本(见表7-3)。由于该事件发展过程中新浪微博有删帖行为,所以抓取的数据不完整。

　　样本中包含 6 个统计参数:微博用户、发布时间、文本、转发数、评论数、点

赞数。(由于样本数量过多,研究中对原始样本进行了进一步抽样,剔除其中参数不完整数据 14 条,例如转发、评论、点赞等参数显示空白的数据;删除重复数据 196 条。最终获得有效数据 1950 条,构成正式的研究样本)

表 7-3　"刘国梁卸任国家队总教练事件"微博数据统计

舆论事件内容类目编码													转发数/条	评论数/条	点赞数/个
6	7	8	9	10	11	12	13	14	15	16	17	18			
6 月 20 日 0	3	22	0	0	0	0	0	0	0	0	0	24	651	788	1256
6 月 21 日 0	0	7	0	0	0	0	0	0	0	0	0	7	6	29	29
6 月 22 日 0	0	4	0	0	0	0	0	0	0	0	0	4	328	251	919
6 月 23 日 1	12	17	7	1	0	0	4	2	0	0	0	19	707	920	5308
6 月 24 日 13	52	37	33	23	12	0	2	25	3	0	0	39	2136	1409	3528
6 月 25 日 8	17	22	12	0	8	0	9	6	4	0	0	22	1105	666	5926
6 月 26 日 1	5	13	3	2	1	0	4	3	0	0	0	12	1450	556	2764
6 月 27 日 211	875	632	268	146	17	1	546	250	63	1	1	868	235	89	233

刘国梁卸任国家队总教练事件本身是一次简单的调职事件,如果是其他默默无闻的教练,这次调职不会掀起舆论热潮,甚至不会有网民关注。但刘国梁及其所带领的乒乓球队连续三届包揽奥运会男女冠亚军,创下奇迹,不管是刘国梁个人,还是冠军张继科、马龙,都已成为体育明星,在网络社会中拥有一定的粉丝量。而且在刚刚过去的 2016 年里约奥运会之后,中国乒乓球队在刘国梁的带领下进行了新一轮改革,使乒乓球这一运动项目获得极大关注。刘国梁在公众心里已然是一个英雄形象。所以此事件因当事人本身的影响力在一开始就受到很大关注。事件从 2017 年 6 月 20 日国家体育总局宣布刘国梁的人事调动开始,到 6 月 27 日刘国梁本人做出回应收尾,具体时间轴详见图 7-24。

(一)情感态度统计及变化体现

1. 所有用户总体情感表现

在总体文本态度上,此次事件中网民的主要态度是消极的(见图 7-25),在道德情绪上,表达想念刘国梁的情绪居多,其次便是愤怒、敬畏、鄙视(见图 7-26)。从图 7-27 中则可以看出,在表达积极态度、同情、自豪、敬畏的文本中,多是回顾刘国梁职业生涯的辉煌,网友看到令自己激动、感同身受的言论时,更容易找到归属感,这类言论的关注度也更高。而消极言论,大多是出于受众的自我发泄,所以消极文本尽管很多,但其平均阅读量、点赞量并不高。

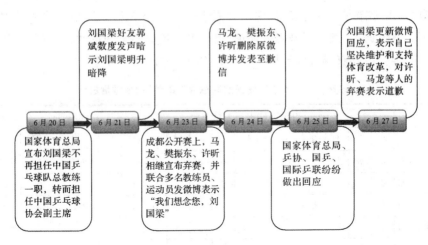

图 7-24 "刘国梁卸任国家队总教练事件"发展时间轴

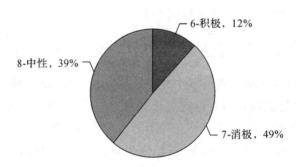

图 7-25 总体文本态度分布

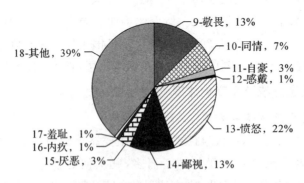

图 7-26 总体道德情绪分布

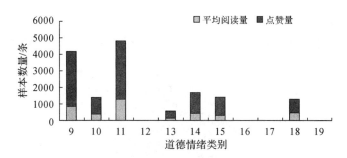

图 7-27 不同道德情绪获得的关注度

2.媒体用户情感体现

根据图 7-28、图 7-29 可以发现,媒体在这次事件中所持的情绪、文本态度多是客观、中性的,媒体展示了它应该具有的态度、立场。

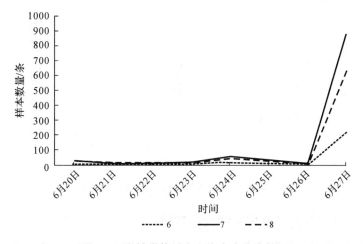

图 7-28 微博媒体用户文本态度分布情况

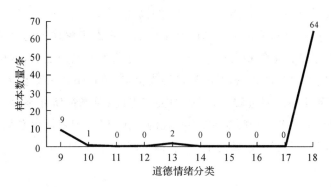

图 7-29 微博媒体用户道德情绪分布情况

3.人用户情感体现

个人用户总体表现出消极态度,且愤怒情绪居多(见图 7-30 和图 7-31)。

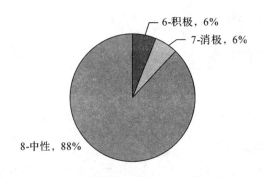

图 7-30　微博个人用户文本态度分布情况

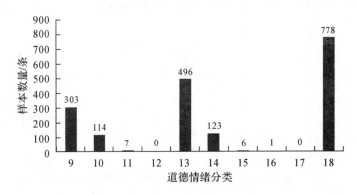

图 7-31　微博个人用户道德情绪分布情况

(二)事件"拐点"与网民情绪变化规律

在此次事件中,事件相关人的回应对对网民情绪的发展起到至关重要的作用,两次较大的转折点都是因为事件相关人员的回应。在马龙、樊振东、许昕等明星运动员发声之前,网友关于刘国梁调职的文本态度整体上还是中性和积极的,道德情绪也是自豪等积极情感居多,但在马龙等人发声之后,网民对事件本身的认知产生了颠覆,文本态度由积极转为消极,道德情绪由赞赏转为愤怒。

在这次事件的发展进程中,网民的文本态度、道德情绪并不是一开始就是消极、愤怒的,而是有一个酝酿期,一些人的发声,以及国家体育总局、中国乒协的回应等引起了网友态度、情绪的变化(详见图 7-32 至图 7-34)。

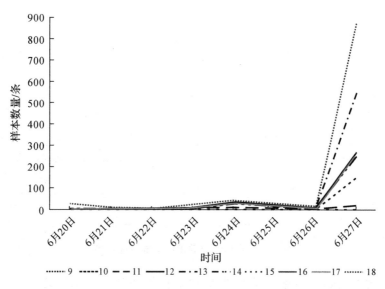

图 7-32　微博个人用户的道德情绪走势

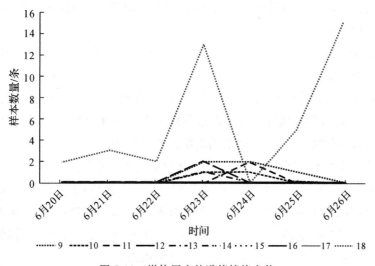

图 7-33　媒体用户的道德情绪走势

从图 7-32 至 7-34 中可以看到,此次事件中,有几个重要的"拐点",这些"拐点"使媒体和网民的文本态度、道德情绪发生转折与波动。

1. 第一个"拐点":6 月 24 日,马龙等人发声,网友情绪由理性转为非理性

6 月 20 日到 23 日,样本中的微博文本态度总体上以中性居多,道德情绪也是客观占上风,但在 6 月 23 日到 24 日,此事件的间接相关人员——马龙、樊振

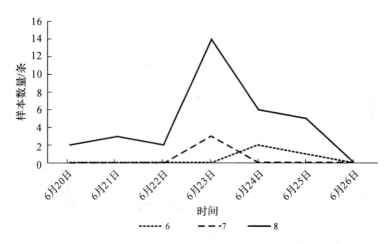

图 7-34　媒体用户的微博文本态度走势

东、许昕等纷纷表示弃赛,并在微博表达"我们想念您,刘国梁",之后,消极态度的微博文本立刻增多,远远多过中性态度的微博文本。而道德情绪虽然还是"18"即"其他"居多,但多为表达"想念刘国梁"。此外,表达愤怒情绪的微博文本数量也持续上升。

24 日到 25 日,消极态度,以及表达愤怒、想念道德情绪的微博文本逐渐减少。查看样本数据中网友微博原文本可以发现,在 24 日到 25 日,新浪微博本身有针对相关言论的删帖、撤"热搜"等行为,例如网友@Katherine_GZ、@闭关修炼的宋少女 等都发表博文表示新浪等媒体平台存在删帖的情况。所以这段时间文本数量的减少,并不能代表网友情绪恢复平静。

2.第二个"拐点":6 月 27 日,刘国梁发声,激化网友情绪

6 月 27 日,事件当事人刘国梁沉寂多天后,终于发声,主动承担了队员退赛的责任,并表示坚决拥护体育改革。但网友并不买账。首先,微博文案过于"公式化",引起网友的不满,认为刘国梁实为形势所迫,所以对刘国梁的同情、想念情绪更加强化,对国家体育总局的行为感到愤怒。

在这次事件中,引起两个"拐点"出现的原因都是事件相关人员的发声,马龙等人在此次事件传播中所充当的角色即为意见领袖,他们的回应直接引起网友的共鸣,点燃了网友的情绪,证实了网上之前的猜测,使得事件发生反转,网民情绪从理性转向非理性。第二个"拐点"中刘国梁的发声虽然没有使事件产生反转,但是由于其为当事人,他的回应受到网友的较多关注。

官方虽然在事件发展过程中做了积极的回应,但却"答非所问"。在此次事

件中,官方没有进行完全的信息公开,网友认为国家体育总局"心里有鬼",一直在追问:为什么突然调职? 改革的目的到底是什么? 刘国梁以后还能做什么? 这些问题最终也没有得到回应,网友对有关部门充满不信任与失望,国家体育总局的公信力在该事件中严重受损。

二、杭州保姆纵火案的网络情绪传播研究

根据该事件发生、发展的时间,笔者选取 2017 年 6 月 22 日—7 月 20 日为研究范围,用 Python 软件抓取微博数据,获得 2939 条数据构成原始样本(详见表 7-4)。样本中包含 6 个统计参数:微博用户、发布时间、文本、转发数、评论数、点赞数。(由于样本数量过多,研究中对原始样本进行了进一步抽样,并且剔除抓取中参数缺失的数据,获得有效数据 2060 条,构成正式的研究样本)

表 7-4 不同用户类别的文本情绪占比

用户类别	文本情绪	数量/条	所占比例/%
媒体	10—同情	2	1.35
	13—愤怒	1	0.68
	14—鄙视	2	1.35
	15—厌恶	2	1.35
	18—其他	141	95.27
个人	9—敬畏	7	0.24
	10—同情	274	9.53
	12—感戴	23	0.80
	13—愤怒	161	5.60
	14—鄙视	249	8.66
	15—厌恶	156	5.43
	18—其他	2004	69.73
门户网站	10—同情	2	5.41
	18—其他	35	94.59
政务	13—愤怒	1	5.26
	18—其他	18	94.74

续表

用户类别	文本情绪	数量/条	所占比例/%
企业及其他	9—敬畏	1	5.56
	10—同情	3	16.67
	18—其他	14	77.77

(一)情感态度统计

图 7-35 是选取事件的几个关键时间点计算两类用户在该日期的文本态度均值,做出的折线图。主要爬取的是关键时间点的数据,反映出这些关键时间点的情感态度平均值对比和情绪态度的大概走势。

媒体用户的情感态度总体上波动不大,基本处于中性状态。

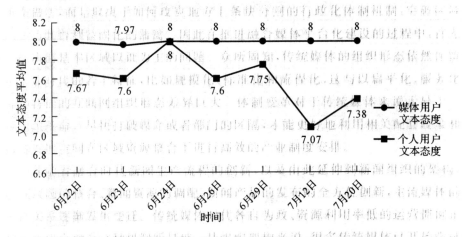

图 7-35 媒体用户和个人用户的文本态度走势(以平均值计算)

个人用户在不同时间点的情感态度有很大不同,6 月 22 日、23 日主要还是偏向于消极,24 日则体现为中性,26 日、29 日都偏向于消极,在这一阶段绿城物业对于案件涉及的物业问题进行回应,受到网友的质疑和谴责。至 7 月 12 日,虽然数据偏向于消极,但也有一些倾向于积极,7 月 20 日的文本态度平均值为7.38,偏向于消极态度。

笔者以不同事件关键点的具体数据统计出个人用户情感在不同时间关键点的体现和整体态度偏向,见表 7-5。

表 7-5 个人用户不同事件关键点的文本态度数量及占比

	6-积极		7-消极		8-中性	
	数量/条	占比/%	数量/条	占比/%	数量/条	占比/%
6 月 22 日	0	0	31	33.33	62	66.67
6 月 23 日	0	0	45	39.82	58	60.18
6 月 24 日	0	0	0	0	6	100
6 月 26 日	0	0	2	40	3	60.00
6 月 29 日	0	0	1	25.00		75.00
7 月 12 日	3	21.43	7	50.00	4	28.57
7 月 20 日	21	8.68	108	44.63	113	46.69

这一事件的主要情绪是同情、鄙视、愤怒和厌恶,也有归类为敬畏和感戴的少许情绪出现,多分布于 7 月 10 日至 20 日,当时林生斌的坚持追问引发网友对高层建筑消防安全议题的广泛讨论,促成国家计划下半年开展安全综合治理工作。7 月 12 日,林生斌还表示将筹建"潼臻一生"公益基金,致力于提升中国高层住宅防火减灾水平,倡导房产开发商、物业服务企业和社会各界充分重视消防安全和完善家政服务业的甄选管理机制,不少网友对其表达敬佩、感谢之情和鼓励其坚持下去的积极情感。

表 7-6 统计了不同用户类别的转评赞(转发、评论点赞)情况。

表 7-6 不同用户类别的转评赞数量

	媒体	个人	门户网站	政务部门	企业及其他	总数
转发量/条	162416	96156	9108	1208	2471	271359
评论量/条	181300	109865	21174	2041	3253	317633
点赞量/个	391792	377503	36816	3745	11043	820899

图 7-36 大致可以反映出媒体用户和个人用户在这次舆情事件中的传播影响力明显更高。对上述转评赞数量进行细致筛选、统计分析,以 1000 为基准,筛选每种用户类别转评赞数高于 1000 的条目,交叉统计筛选相同项,有如下发现:

在媒体用户类别中,@中国日报 、@新京报 、@人民日报 、@澎湃新闻 、@新浪新闻 、@三联生活周刊 、@头条新闻 、@环球时报 、@社会网络与数据挖掘 、@局面 和@新京报我们视频 等媒体的转评赞量均很高,其中@局面 的转

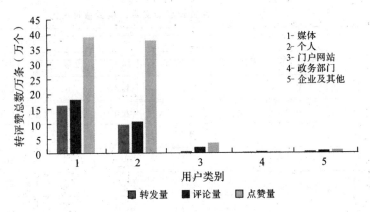

图 7-36　不同用户类别的转评赞数量

发数最高(42929 条),@新京报我们视频 的评论数(34602 条)和点赞数(63425
个)最高。《局面》正是隶属于《新京报》的一个栏目,可以认为《新京报》的转评
赞数量最高。

在个人用户类别中,@我的厕所读物 、@有理想 de 青年 、@花腔大叔 、
@媒体人张晓磊 、@思想聚焦 、@四川新闻妹 、@朱七七 Fighting 、@郝劲松 、
@曾鹏宇 、@王志安 、@Happy 张江 、@一个有点理想的记者 等用户内容的转
评赞数均很高,其中@曾鹏宇 的转发量(8633 条)和点赞量(81943 个)最高,
@一个有点理想的记者 的评论量(14763 条)最高。查阅新浪微博可以发现,
@曾鹏宇 是作家,微博已签约自媒体。而@一个有点理想的记者 是媒体人,微
博也签约了自媒体。

在门户网站类别中,@中国经济网 、@财经网 、@新浪福建 的转评赞数均
很高,其中@中国经济网 的转发(1638 条)、评论(4135 条)、点赞(11644 个)数
量都居最高。

在政务用户类别中,@武汉发布 的转发(1071 条)、评论(1929 条)、点赞
(3690 个)数量居最高。

在企业和其他用户类别中,@拍客小助手 和@微博热搜榜 的转评赞数均
很高,其中@拍客小助手 的转发(1650 条)和评论(1809 条)数量最高,@微博热
搜榜 的点赞(5156 个)数量最高。@拍客小助手 隶属于秒拍公司,也可以看作
该公司的视频自媒体。

从这些用户和数据可以看出,虽然相较起来媒体的传播力更强,但自媒体
对事件传播的影响已经很大。查阅影响力较高的个人用户,可以发现都是自媒
体,是拥有一定数量固定粉丝的"新意见领袖"。

(二)网友(个人用户)总体情感分布体现

总体来看,这一事件中个人用户的主要情绪为同情、鄙视、心痛、愤怒、厌恶、鼓励和失望(见图 7-37),从这个统计结果可以发现网友对这一事件涉及人员的不同态度:对痛失爱人和子女的林生斌是同情和鼓励,对犯案纵火的保姆、消极逃避的绿城物业是鄙视、愤怒和厌恶,对保姆纵火致雇主家庭母子四人死亡这一事件感到痛心,对物业的消极回应感到失望,对中国社会伦理道德失范感到失望。

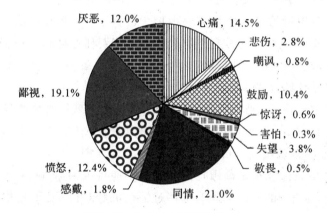

图 7-37　个人用户不同情绪占比

以下是对针对事件转折点的分析。

1. 第一个转折点:事件更多细节被爆出,引发网民情感变化

由表 7-7 可以看出个人用户在不同时间关键点上不同文本态度的占比,6月 22 日、23 日事件刚发生时,仅有消极态度和中性态度,虽然中性态度占据多数,消极态度数量也很高。

文本态度变化图可以反映出网民对这一事件不同对象的态度,以及网民情绪变化、舆情浮动的具体事件影响因素。如网友得知保姆嗜赌欠债的背景,感到愤恨和可惜,一度让"农夫与蛇"成为热词,加速了情绪传播;看到受害人家属痛念家人的微博,网民受到极大的感染,不断引发情感波动。

2. 第二个转折点:官方(绿城物业)回应,事件引发深入讨论

6月 28 日绿城物业做出了回应,引发第二个转折点,网友的消极情感态度由中性转变为消极,并呈现出持续消极的趋势。

这一阶段(6月 24 日—28 日),网友看到绿城物业的消极回避和消防行为上的缺失,感到惊讶、愤恨和惋惜,并对绿城发表声明却关闭微博评论,微博上

关于绿城的讨论被强制删除等事实感到失望。此外,看到受害人家属的坚持,网民感到心痛和感动,号召更多人关注事件发展、鼓励林生斌,也引发了更广泛的网络情绪传播。

3. 第三个转折点:事件相关人员表态

7月12日,在样本统计中首次出现积极态度,这一天受害人家属林生斌发布微博称,决定联合好友发起设立"潼臻一生"公益基金,他的举动让很多网民感动,纷纷鼓励他坚持下去。尽管数据不多,但除去爬虫的关键词检索,当时也有很多网民转发或是发表微博,表达感动和敬佩的情感。

本次事件舆情的持续时间达9个月之久,直至现在还在讨论。这其实也是网民处于没有回应的不安全感下的情绪体现,当责任方推卸责任、态度冷漠,人们无法维护权利时,网民只能通过讨伐等方法来疏解情绪,也就造成了这一漫长的网络情绪传播过程。

可以说绿城在本次事件中的做法是造成这种激烈情绪传播局面的直接因素之一,仅发表公告和通知却不让网民评论,明显是使双方处于不平等的交流状态中,对情绪的传播只有负面影响。

网络情绪的传播在新媒体时代变得更快、更加难以控制,上述研究可以发现,在事件的发展过程中,一些冲击了公众价值观的事实很容易引起他们的情绪波动。无论事实偏于正面还是负面,网民信任度高的媒体往往会掀起情绪传播的狂澜,而一些粉丝量高的自媒体和各领域的大 V 发布的内容也很容易影响网民情绪,在各个领域内形成不同重点的道德情感。尽管媒体的情绪传播影响力相较更强,但自媒体和其他网络个人用户的传播力也很强,而且更多是在一个个有一定人际关系的小圈子内传播,传播的内容也偏向于个人的态度和看法,但往往更容易触发网民的情绪点和诉求点。网络情绪不断向外传播,通过不断的转发,接触到不同情绪的网民也更多,网络情绪也就更加难以控制。

正如针对杭州保姆纵火案的情绪探讨文章《真相未明,舆情不止:"杭州保姆纵火案"的大 V 之战》中所说,这一事件发酵的过程中,网络上的舆情不断反转,网民有很多非理性表达,如阶级仇恨论、阴谋论和人心本恶论等。文中把原因归于媒体的负面感情倾向、网络言论的把关不严和社会伦理的失范,但其实自媒体的情感倾向要比媒体更明显,也更容易出现情绪极化。这时候控制网络言论其实是不切实际的,一味地禁止网民自由发表意见,只会点燃网络情绪爆发的导火索。政府应在网络舆情中进行适当的引导,让网民对事件本身和自身情绪都有正确的理解,在公平公正的网络环境下进行理性的探讨。

第八章　话语与舆论主体

第一节　典型舆情事件中的政府应对

一、社会文化类

每个人都生活在一定的社会文化环境之中,生活在历史传承的风俗习惯、价值观念、道德规范等社会行为规范之下。当有人踩到底线,违背这些规范,就可能引起关注、讨论,甚至造成舆论风波。这类事件政府一般处理得都比较好,不管是发言时间、发言内容还是发言导向,都产生了正面效应,具体见表 8-1。

表 8-1　社会文化类舆情事件的政府应对

事件	事件曝光时间	政府首次发言时间	发言内容（积极/消极/敷衍）	发言导向（平息/缓解/激化矛盾）	产生后果（正面/负面）
宁波马桶盖事件	2016-10-18	2016-10-19	积极	平息	正面
河北男童坠井事件	2016-11-7	2016-11-9	积极	平息	正面
杭州保姆纵火案谣言	2017-6-23	2017-6-24	积极	平息	正面

以宁波马桶盖事件为例,宁波市旅游局反应迅速,事件爆出几小时后,第一时间就启动了舆情应急机制,于当日就将事件调查核实,并迅速公布了调查结果。通报内容将公众十分关注的事实真相、游客身份和事件结果都解释得一清二楚,有效阻断了谣言的继续传播,在舆论对宁波城市形象造成直接损害之前,

成功化解了这场舆论危机,是政府应对舆情时值得借鉴的一个正面案例。

河北男童坠井事件则是另一个政府引导舆情的成功案例。较其他舆情事件而言,此次男童坠井事件中政府主动发声,向社会详细披露了整个救援过程,以及实施的具体细节,确保了实时信息第一时间发布。政府允许直播营救过程、呼吁社会人士参与救援等动作,也让公众看到了有关部门对公民生命权的尊重和保护,让相关部门脱离舆情应对困局,反转成为舆情引导者。

政府主动发声占据舆情引导地位虽然对舆情引导十分有效,但在很多社会突发事件中,谣言往往是传播得最快的那一类信息,产生的负面影响、危害也无法忽略。尽管很多人清楚谣言的危害,但分辨谣言、制止谣言传播的能力仍然有所欠缺,遑论还有人趁机造谣、传谣,所以政府对于谣言的表态在整个事件中就显得尤为重要,对造谣者、传谣者,政府一定要及时打击、严厉执法。

在保姆纵火案中,微博用户@婚恋情感专家凌子 在微博上随意编造的纵火保姆和男东家的"故事",阅读量一度达到 20 万人次以上,造成恶劣影响,对当事人造成了二次伤害。这些没有依据凭空捏造出来的假消息,严重干扰了事件的正常传播路径,破坏了舆论环境。因此,在这一事件的处理过程中,政府有关部门对捏造、传播虚假信息的微博博主进行拘留处罚,遏制了谣言传播的势头,最大限度地降低了其产生的负面效应。

二、事故灾害类

根据《中华人民共和国突发事件应对法》,突发事件是指突然发生,造成或者可能造成严重社会危害,需要采取应急处置措施予以应对的自然灾害、事故灾难、公共卫生事件和社会安全事件。

事故灾害类舆情事件作为突发事件的类型之一,是反映政府舆情应对能力的一面镜子。因其具有突发性、震撼性、悲剧性、辐射范围广、影响周期长等特点,事件一旦爆出,极易引起包括大众、媒体等在内的社会各界的广泛关注,如若政府处理不当,势必掀起舆论狂潮。此类事件是对政府危机公关能力的严峻考验,衡量标准在于:灾情救援是否得力、处置时效是否及时、回应社会关切是否及时、信息是否公开透明、后续处理是否得当。

以下五个事件是从近年来发生的重大事故灾害中选出的、涉及政府话语和行为的典型案例,见表 8-2。

表 8-2　事故灾害类舆情事件中的政府应对

事　件	事件曝光时间	政府首次发言时间	发言频率	发言内容（积极/消极/敷衍）	发言导向（平息/缓解/激化矛盾）	产生后果（正面/负面）
温州动车事故	2011-7-23	次日（26小时后）	6次	消极、敷衍	激化	负面
杭州公交车纵火案	2014-7-5	1小时内	4次	积极	平息	正面
昆山工厂爆炸事故	2014-8-2	当日（2小时后）	2次	积极	平息	正面
天津8·12爆炸事故	2015-8-12	次日（17小时后）	14次	敷衍	激化	负面
宁波江北区爆炸案	2017-11-26	2小时内	9次	积极	平息	正面

2011 年的温州动车事故是政府舆情应对的典型负面案例。2011 年 7 月 23 日 20：30 左右，北京南站开往福州站的 D301 次动车组列车运行至雨温线上海铁路局管内永嘉站至温州南站间双屿路段时，与前行的杭州站开往福州南站的 D3115 次动车组列车发生追尾事故，后车四节车厢从高架桥上坠下。这次事故造成 40 人（包括 3 名外籍人士）死亡，约 200 人受伤。[①] 事件一经爆出，即刻引起全国轰动。据网络大数据显示，动车相撞事故在 7 月 23 日晚发生后，当晚即在微博传播开来，在 24 日晚达到高峰，随后逐渐下滑，但热度（日话题超过1万）保持了一周左右，此后逐步趋于平息。[②] 在这持续一周的舆论热潮中，"铁道部""安全""政府"等相关词语高居热度榜单，公众对铁道部的讨伐声此起彼伏。

天津"8·12"爆炸事故同样是政府舆情应对的一个典型负面案例，甚至可以称得上是"教科书"般的典型。事故发生于 2015 年 8 月 12 日 23：30 左右，位于天津市滨海新区天津港的瑞海公司危险品仓库发生爆炸事故，造成 165 人遇难，8 人失踪，798 人受伤，304 幢建筑物、12428 辆商品汽车、7533 个集装箱受

---

①　蔡爱青：《重大灾难事件中广播对受众参与的引导：以温州广播媒体对温州动车事件的报道为例》，《视听纵横》2012 年第 6 期。

②　温州动车追尾舆情 TRS 微博挖掘 V1.3，https：//wenku. baidu. com/view/066d7fe728ea81c759f57819. html？ from＝search。

损。① 这起事故灾害所造成的影响丝毫不亚于温州动车事故,不幸的是,政府的舆情应对同样令人失望。据统计,事故发生后,网民就这一事件质疑"政府部门缺乏危机公关处理能力"的言论占 11％;据大象舆情研究院监测平台监测"天津爆炸事故发布会"情感分布显示:负面情感占比过半,达 50.8％,正面情感仅为 34％。② 甚至因为政府话语、行为不当,还带来了大量次生舆情灾害,招致不少质疑和吐槽。

相较于前面两起案例,宁波江北区爆炸案、杭州公交车纵火案及昆山工厂爆炸事故则是政府在舆情处置方面做得较好的正面案例。2017 年的宁波江北区爆炸案由于官方没有采取逃避责任的态度,而是及时做出积极的处理,赢得了市民和广大网友的好评。2014 年的杭州公交车纵火案,在政府对舆情的及时处置和有效引导下,事件得到平稳过渡,为其他地方政府提供了很好的突发事件舆情处置参照。2014 年的昆山工厂爆炸事故,在舆情发酵之初,政府回应时效虽稍显迟缓,但舆情应对总体而言比较积极,有不少优秀经验值得借鉴。

从发布时效上来看,温州动车事故和天津爆炸事故的官方舆情回应都太过迟缓。在温州动车事故发生 26 小时后,舆论开始大面积质疑铁道部时,有关部门才在 24 日晚举行新闻发布会做出正式回应;天津爆炸事故也暴露出了同样的问题;在事发 17 小时后才召开首场新闻发布会,此时早已错过了舆情处置的最佳时机,而舆论冲突也因关键时刻政府失语而愈演愈烈。反观其他三个正面案例,宁波江北区爆炸案舆情发酵还不到 2 小时,江北区公安机关就开始在微博发声;杭州市政府在案件发生 1 小时内就积极出面发声,当晚连续召开两次新闻发布会,向媒体和公众通报案件发生和伤员救治的权威信息;昆山工厂爆炸事故发生 2 小时后,当地政府也出面做出了回应。

在"互联网＋"时代,舆论在短时间内就可波及社会各界。此时此刻,政府处置舆情的速度不能再以天数计算了,而是应该分秒必争。在案情爆发初期就积极回应、公布信息,是政府掌握舆论主导权、缓解舆论压力、遏制谣言产生至关重要的一举,同时也反映出政府是否具备敏锐的舆情危机意识。若像温州动车事故和天津爆炸事故一样反应迟滞,事发 20 多小时后才开始应对舆情,舆情早已到了难以控制的局面。

从发布频率来看,宁波江北区爆炸事故及天津爆炸事故中政府发言的频率

① 赵芷含:《灾难性新闻报道中的伦理失范问题及解决建议:以天津港爆炸案报道为例》,《科技传播》2018 年第 1 期。

② 以上数据均来自大象舆情研究院的《天津爆炸事故舆情全方位分析》。

都很高,天津爆炸事故的新闻发布会更是多达 14 场。仅从发言频率和次数上来看,这两起事故灾害似乎都反映出了政府应对舆情的积极态度,但是产生的效果却截然不同。以天津爆炸事故为例,事故发生后的 12 天里,天津政府就该事故前前后后共召开了 14 场新闻发布会,但前面 6 场发布会效果不太理想:媒体记者的提问超过 60 个,过半问题未得到当场回复,每次都导致 4 个以上次生舆情,因而成为舆论槽点。① 从第 7 场开始,官方在回答记者提问时的表现才有所改进,不满政府的舆论也由此开始减少。天津政府虽然在舆情发酵过程中频频发声,却没能得到社会公众的好评。同为爆炸事故,宁波政府对舆情的处理就颇为成功。在案发 2 小时内,江北区警方就通过微博及时发布了案情通报,随后又先后 8 次发布信息,分别于当天下午 1 点通报了初步的伤亡情况、当晚通报了伤亡人数的具体数字、次日通报了案情进展、第三日下午 4 点详细通报了案情重大进展及细节、最后一日对案件做了完整说明。宁波政府在这起事故的处理中,正是通过持续透明公开的信息发布,以及保证所发布信息的透彻和翔实,使得舆情没有过度发酵,网上也没有谣言横行,使事件得以平息。由此可见,发布频率与发布内容紧密相关。只有时时回应社会关切,保证每次发布的信息完整详细,为公众解决疑问、消除恐慌,才能得到社会的信服和认同。不然,无法释疑的发布会,召开再多次也是没有意义的。

从发布内容上看,宁波江北区爆炸事故、杭州公交车纵火案和昆山爆炸事故所表现出的共同点是:及时回应社会关切,发布的内容完整详细、公开透明,态度积极不敷衍。与之相反的是,天津爆炸案和温州动车事故的发布会上的内容则显得消极敷衍:天津爆炸事故的发布会上,大多数问题当场未得到答案,相关负责人多以"不清楚""不了解""需了解"敷衍了事;温州动车事故中,铁道部在 24 号的新闻发布会上,官方发言人笼统地提到可能是由于雷击的缘故造成列车事故,而真正的事故原因却迟迟无法给予解答。官方权威证言的缺席,加上发言人态度敷衍,导致公众一次次对政府工作失去信任,大大降低了政府的公信力。

突发事件发生后,官方失语必定给谣言带来可乘之机。政府信息的发布必须具有针对性、有效性,直指社会质疑重点,消除社会杂音,避免谣言肆虐。缺乏严谨的信息内容,不但无法缓解舆论压力,反而会带来新一波的舆论热潮。

---

① 刘宇轩:《大数据视角下网络舆情的政府治理研究》,硕士学位论文,山东农业大学,2016 年。

三、公共卫生安全类

公共卫生安全类舆情事件由于涉及公众健康和生命安全,因而具有时间紧迫、地域传播广泛、与公众利益切身相关、负面情绪占据主流、波及范围广、影响时间长等特点,如若处理不当,极易引起群体性事件,造成二次舆情灾害。近年来,我国公共卫生安全类事件多有发生,其中上升为舆情事件的不在少数。面对当下复杂的舆论环境,政府如何提高自身舆情应对能力、如何成功化解公共卫生安全类事件的舆情危机、如何有效地消除恐慌缓解矛盾,是政府舆情工作的重中之重。

表 8-3 选取了 2012—2017 年发生的四起重大公共卫生安全类事件,通过分析每起事件中政府舆情应对的可取和不妥之处,为今后政府应对此类舆情事件提供经验及教训。

表 8-3　公共卫生安全类舆情事件中的政府应对

事　件	事件曝光时间	政府首次发言时间	发言频率	发言内容(积极/消极/敷衍)	发言导向(平息/缓解/激化矛盾)	产生后果(正面/负面)
毒胶囊事件	2012-4-15	当晚	3 次	积极	缓解	有正有负
乙肝疫苗致婴儿死亡事件	2013-12-14	6 天后(2013年12月20日)	3 次	积极	平息	正面
山东问题疫苗事件	2016-3-18	当日	4 次	积极	缓解	正面
桃江县桃江四中肺结核事件	2017-10-22	25 天后(2017年11月16日)	3 次	积极	平息	负面

2012 年的毒胶囊事件,官方在舆情处置的时效性上是可取的。事件发生后,监管部门就迅速反应,回应舆情。当日晚,国家食品药品监督管理局在其网站发布声明:对媒体报道的 13 个铬超标产品暂停销售和使用。这客观上为政府占据舆论高地、转移舆论争议焦点提供了切入口。与此同时,在事件推进过程中,有关部门实事求是地向社会公布案件处理情况,及时回应社会关切,均是促使事件平稳过渡的有力推手。但该事件中政府暴露出的问题是:政府处理方式太过强硬,缺乏服务意识、法律意识。据了解,事件发生后,河北阜城对明胶作坊进行强拆,数十家明胶作坊连夜被夷为平地。有媒体报道说:"他们只能看

着挖掘机将厂子一点点蚕食,溶胶的铁炉被凿开,胶液流淌一地。这场浩大的强拆持续了整整两天……"①政府执法的初心可以理解,但态度和方式过于生硬,容易引起民众对政府工作的不满。

作为新近发生的公共卫生安全类舆情事件的负面典型,桃江四中肺结核事件所暴露出的问题是:学校和地方政府的"拖"和"捂",贻误了最佳应对时机,导致疫情蔓延。据了解,该校 2015 级 364 班在 2017 年 8 月和 11 月的两次检查中就有 58 人确诊,县疾控中心被质疑早就发现疫情,却知而不报,学校也被质疑没有及时采取措施反而鼓励学生继续上学。隐瞒疫情、迟报缓报,当地政府为维护形象,试图掩盖疫情真相,实际上是在推着事件向更坏的方向发展。"拖、瞒、捂、压"作为上级政府处理舆论事件的常用手法延续至今,在多类舆情事件中均有所体现,是政府传统思维定式不适应现代舆情应对体系的表现。

2013 年的乙肝疫苗致婴儿死亡事件和 2016 年的山东问题疫苗事件,都是较好的政府应对舆情的正面例子。乙肝疫苗致婴儿死亡事件中,政府及时公布信息,及时回应质疑;山东问题疫苗事件中,政府适时公布调查进度,适时发布全国处理进度,是引导舆情、平息事件的优秀举措。

四、政府自身危机类

政府自身危机多是由于事件处理不当或某些话语不当引发的舆情危机。这类事件一经曝光,政府多陷入不利处境,舆论也多偏向于质疑、迁怒政府,且负面印象会持续较长时间。我国政府对这类事件的处理依然处于探索阶段,过去较长一段时间内的处理比较多的是适得其反,产生负面影响,直到近年,这一现象才有所好转。下面选取了两个较为典型的政府自身危机类舆情事件处理案例,详见表 8-4。

表 8-4　政府自身危机类舆情事件中的政府应对

事　件	事件曝光时间	政府首次发言时间	发言内容(积极/消极/敷衍)	发言导向(平息/缓解/激化矛盾)	产生后果(正面/负面)
屯留教师自费聚餐被通报批评	2016-10-1	当日	积极	激化	负面
河北男童坠井事件后续	2016-11-14	2 天后(2016-11-16)	积极	平息	正面

① 钟钦政:《毒胶囊事件拾遗:态度问题》,《证券时报》2012 年 4 月 20 日。

2016 年 9 月 30 日,山西长治屯留县 24 名高二年级教师放假期间自费聚餐被当地纪律监察委员会进行全县通报。通报称,教师聚餐影响教师的精神风貌和个人形象,给全县教育系统及广大教师抹了黑,更与中央、省市县委关于加强作风建设的要求格格不入。同年 10 月 21 日,江西三明宁化县也发生了一起教师在占道经营摊点上买菜被通报的事件,通报称教师此举违反城市管理规定。

这两起事件十分相似,通报内容和原因都让人觉得过于小题大做,对基层管理来说这样的处理是矫枉过正,而后两地县委机关也都在舆论压力下撤销通报,承认在处理依据、处理方式上存在不妥。尽管后来撤销了通报,但是通报的负面影响依然存在,倘若不从根源上解决问题,而是通过制定生硬的不合理的各项禁止性管理规定来应对问题,只会让人觉得"用力过猛",引起人们对政府机关办事能力的质疑,而多次的事后弥补、撤销通报,也会让政府的公信力下降,失去公众的信任。

河北男童坠井事件中,当地政府虽然处理得很好,是正面案例,但后续曝光的枯井无人管理的问题还是对政府形象造成了一定的不利影响。

央广网 2016 年 11 月 14 日刊文《男童坠井身亡 河北枯井所有权遭各部门踢皮球》,称"水利部门表示,井的所有权属于谁,谁来管,要具体情况具体分析。农业部门则明确答复,枯井不归他们管。住建部门最后还是把皮球踢回来了,建议再去问问农业和水利部门。之前其他地方的政府部门表示,对于掩埋、封存或者警示,政府没有这项开支"。从各个相关部门的回答来看,对于枯井问题当地一直没有予以重视,以至于面对枯井管理问题,各个部门不仅不能回答到底谁能管理,也不愿意为一直存在的废井问题负责。枯井弃管,折射出农村公共管理长期缺失的问题,"踢皮球"的态度,更是让当地政府受到不少指责,对政府形象宣传十分不利。

所幸面对这场次生舆情灾害,河北省政府反应及时。在负面舆情苗头出现的时候,时任河北省委书记赵克志、时任省长张庆伟主动发声,针对男童坠井事故处置后续工作做出批示,同一天,保定市政府办公厅发出《关于加强取水井整治与管理的紧急通知》,要求各相关部门切实加强取水井整治与管理。

在舆论传播迅疾的网络时代,诚恳回应民众、高效处理问题是政府面对网络舆情的正确处理方式。

第二节　典型舆情事件中的政府话语模式分析

根据斯蒂文·芬克(Steven Fink)的危机传播四阶段模型,危机的发展周期可分为四个阶段,即潜伏期、爆发期、发展期和修复期。根据这一理论,我们以2009—2017年为时间跨度,从这9年间发生的重大舆情危机事件中筛选出几个典型案例,梳理这些公共危机事件的关键时间节点和危机传播阶段,分析不同阶段的官方话语模式。

没有进行话语模式分析的那些案例,剔除原因有以下三个方面。

第一,一些事件由于发生时间早,或由于资料缺失,难以划分危机发展阶段或是思考各阶段官方采取的话语模式,例如毒胶囊事件等。

第二,部分事件虽然资料详细,但因危机事件发生的时间跨度短或事件错综复杂,难以严格划分危机发展的潜伏期、爆发期、发展期及修复期。例如杭州保姆纵火案、聊城于欢案、两起教师被通报事件、乙肝疫苗致婴儿死亡事件、山东问题疫苗事件。

第三,有些事件在危机潜伏期官方就及时做出处理,并没有经历爆发期,换言之,不构成危机事件,故不在本节的研究分析范围内。例如宁波马桶盖事件。

公共危机传播的官方话语模式主要有封闭控制模式、单向宣教模式和双向沟通模式(见表8-5),这三种模式的传播效果各有不同。[1]

表8-5　典型危机案例中不同传播阶段的官方话语模式

	潜伏期	爆发期	发展期	修复期
河北男童坠井后续事件	(2016-11-6至11-14) 封闭控制	(11-14至11-16) 双向沟通	(5-13至5-19) 双向沟通	(5-19至6-30) 双向沟通
温州动车事故		(2011-7-23至7-24) 封闭控制	(7-25至7-29) 单向宣教	(7-30至8-9) 双向沟通
天津"8·12"爆炸事故		(2015-8-12至8-13) 封闭控制	(8-14至8-18) 单向宣教	(8-19至8-23) 双向沟通

① 何舟、陈先红:《双重话语空间:公共危机传播中的中国官方与非官方话语互动模式研究》,《国际新闻界》2010年第8期。

续表

	潜伏期	爆发期	发展期	修复期
宁波江北区爆炸事故		（2017-11-26 9时至10时）双向沟通	（11-27至11-28）双向沟通	（11-29至　）双向沟通
杭州公交车纵火案	（2014-7-5至7-6）双向沟通	（7-7至7-8）双向沟通	（7-9至7-11）双向沟通	（7-12至7-13）
四川泸县中学生死亡事件	（2017-4-1至4-4）单向宣教/控制	（4-5至4-6）沟通	（4-7至4-8）沟通	（4-9至4-19）
桃江四中肺结核事件	（2017-10-22至11-14）封闭控制	（11-15至11-16）沟通	（11-17至11-18）沟通	（11-19至　）沟通

一、封闭控制模式

封闭即话语沉默；控制多表现为压缩话语空间，主导话语权。封闭控制模式是最常见的一种模式，在所有公共危机的潜伏期，政府基本都会采取这种话语模式进行应对，一般是出于对社会安全和稳定的考虑，同时也是政府试图以拖瞒等方式阻止事件传播的表现。有时在公共危机的爆发期，过于敏感和强调维稳的官方也会采取封闭控制模式，对舆论危机事件进行控言。

值得说明的是，危机事件可分为社会文化类、事故灾害类、公共卫生类等多种类型，这一点已在第一节中做了充分说明。与其他类型危机事件的传播模式不同，事故灾害类危机事件因具有突发性、紧迫性和无法预知等特点，其传播过程往往跳过了潜伏期而直接进入爆发期。没有潜伏期的铺垫，官方来不及做好准备工作就要直面铺天盖地的舆论，还要迅速做出回应。一些缺乏舆情处置经验的政府机构会选择沿用封闭控制模式，试图以逃避的姿态来应对舆情危机。如温州动车事故和天津"8·12"爆炸事故，两起危机事件均是在事件发生超过15小时后，在舆论大面积质疑官方时，政府才出面回应，而此前政府一直处于失语状态。

研究中有两个案例，政府在危机潜伏期都采取了封闭控制的话语模式，做出这一推断主要是根据三个评价指标：危机反应速度、决策活动阶段和对待危机的态度。根据这三个指标对案例中各个阶段进行评判，可以发现这两个危机案例中，官方话语都体现出反应滞后、态度沉默、控制言论的共同特点。如河北男童坠井事件中枯井无人治理的问题,从男童坠井官方开展援救行动开始,对于枯井的治理问题官方的危机反应滞后长达 9 天,尽管从数字上看也只是一周多的时间,但是在当今传播速度非同以往的网络环境中,这已经是一段相当长的传播时间了。除此之外,包括四川泸县中学生死亡事件及桃江四中肺结核事件在内的危机事件,在决策活动中都存在对真相不作详细解释,甚至封锁消息的危机应对策略,且都是在媒体或者个人在网上对事件进行曝光、质疑、问责后,官方才对事件进行回应,这种滞后的反应速度和不诚恳、不透明的处事态度让官方失去了主动权和话语权,丧失了舆情引导者地位。

封闭控制模式折射出一些传统的危机应对心态:认为有些事件只要不被新闻曝光,就可以当作没有发生;或者对事件进行冷处理,官方始终保持沉默,不对事件做出回应,让新闻变成旧闻,直到大众逐渐淡忘。这种危机处理方式反映了官方以维稳为重的处理思维,这种思维可能还会在很长一段时间内存在,尤其是在比较大的公共危机事件中。

但是近些年来,来自非官方的群众的力量、媒体的力量,都在日益显示出巨大的舆论作用。对官方封闭控制的话语模式,民间反应表现为批评和揭露。官方在舆情前期的失语、缺位,极易引起民众对政府工作的不满,而越来越多的意见领袖乃至草根阶层主动扮演官方角色,披露事件有关信息,甚至自发辟谣,这进一步加深了民众对官方的失望感,导致批评声越来越大。可见,一味地封闭控制已经无法使事件舆论按照官方设想的方式发展,反而会影响官方形象、降低政府公信力。

二、单向宣教模式

单向宣教多表现为官方话语回避、话语模糊和自说自话。单向宣教模式也是比较常见的官方危机处理方式之一。本研究的几个案例中,在四川泸县中学生死亡事件的潜伏期,温州动车事故和天津"8·12"爆炸事故的发展期,当地政府均采取了这一模式。

四川泸县中学生死亡事件中,在舆情发展前期(即潜伏期),官方明显处于自说自话的状态,对于舆论关注的"学生究竟是自杀还是他杀""当地是否存在霸凌现象"等焦点问题,官方一概答非所问、不予释疑,无法与公众形成有效沟通,属于典型的单向说教,详见表 8-6。

表 8-6　四川泸县中学生死亡事件中官方话语回应情况

	公众关心问题	官方回应话语	话语模式（策略）	公众反应
问题一	孩子是自杀还是他杀？	4月2日"泸县发布"公告："……现有证据排除他人加害死亡……"　4月3日"泸县发布"再次公告："目前，无证据证明死者系他杀，其损伤符合高坠伤特征……"	单向宣教（话语前后不一）	抵触质疑，特别对"排除他杀"不认可
问题二	当地是否存在霸凌现象？	此事由警方接手，是否有霸凌现象由警方处理	单向宣教（推诿）	抵触质疑
问题三	不给记者提供方便，当地到底在害怕什么？	当地有理由不予回应	封闭（话语沉默）	批评揭露，流言四起

天津"8·12"爆炸事故中，官方单向说教的话语模式表现得更为明显。即使事件已经过渡到了发展期，官方仍未向社会公众完全公开信息，话语要么含糊其辞，要么答非所问，要么推诿应付，对于公众关心的问题几乎全部未予解答，这是官方极不负责任的表现，由此也造成了民众的抵触质疑，引爆舆论批评，详见表8-7。

单向宣教模式是比封闭控制模式更进一步掌握话语权的方式，在这种模式中，官方掌握着信息发布的主动权，在发布信息过程中，起到看门人的作用，对事件信息进行选择、夸张、渲染、扭曲等处理，使这种传播方式具有强制性、主观性和灌输性，信息的传播完全是单向的，单方面发布给公众，而忽略了公众的真正需求，所传达出的信息也不可避免地存在残缺、失实。

也正因为单向宣教模式的这些特征，公众对这种模式十分抗拒，反应往往会更加激烈，所以在危机传播过程中采取了单向宣教模式的案例，都产生了比较负面的结果或影响。与此相对，在危机的爆发期采取了双向沟通模式的坠井男童后续事件，则是正确的处理方式，产生了正面的影响。

表 8-7　天津爆炸事故中官方话语回应情况①

	公众关心问题	官方回应话语	话语模式(策略)	公众反应
问题一	此次危险品爆炸区距离居民区多远?	还是蛮远的	单向宣教(话语模糊)	
问题二	危险物品一般应距居民区多远?	我们做的主要是周边空气和水的监测	单向宣教(答非所问)	
问题三	涉事企业的安全评价报告究竟什么时候能够发布?今天安监总局副局长手里拿了一份很厚的安全评价报告	今天市安监局长没有参加,明天再回答你的问题	单向宣教(推诿)	抵触质疑,引爆舆论批评
问题四	爆炸现场是否存在700吨的氰化钠?	·发布会二:现场已经进行完全封锁,所有化学溶解物质都会储存在事故现场 ·发布会四:不知情 ·发布会五:很快有明确答复	单向宣教(话语模糊)	
问题五	天津港消防支队失联人员信息什么时候公布?	不属于我的管辖范围	单向宣教(推诿)	
问题六	爆炸是否已经确定了源头?	不清楚	封闭(话语沉默)	

三、双向沟通模式

双向沟通表现为官方与公众互动,回应社会关切。双向沟通模式是公共危机处理中最理想的话语模式,也是本次研究分析中所有危机事件后期官方所采取的话语模式。其中,河北男童坠井后续事件、杭州公交车纵火案、宁波江北区爆炸事故是双向沟通模式的典型案例。

男童坠井后续事件中互动的结果是官方十分有效率地解决了枯井治理问

① 胡月馨:《微博场域下突发公共危机事件官方话语与民间话语的互动与沟通》,硕士学位论文,湖北大学,2016年。

题,公众对此结果也表示满意,双方没有产生激烈冲突、对抗,是一个非常优秀的危机处理案例。在杭州公交车纵火案和宁波江北区爆炸事故中,官方在危机传播全过程中都采取了双向沟通模式,不仅在案件发生的第一时间出面回应,而且实时更新事件进展,持续、透明、公开地发布信息,确保所发布信息的透彻和翔实,都是增加公众对官方信任感的良好举措,使得舆情危机在短时间内平稳过渡,受到广泛好评。

在四川泸县中学生死亡事件和桃江四中肺结核事件中,虽然官方在危机爆发期及之后都进行了沟通,但仅为官方单方面地发布通告、披露信息,并没有与社会公众展开互动,不能称为"双向沟通"。需要说明的是,尽管是单方面地向社会告知案件信息,也是有针对和具有指向性的,不同于自说自话的单向宣教,这里的"沟通"是能够反映社会关切、解答民间疑问的,只是在与公众的互动上稍显不足。

双向沟通模式与封闭控制模式、单向宣教模式存在很大的不同,在这一模式中,官方考虑到民众的真实需求,信息发布选择上倾向于满足民众的知情权和真实还原真相,更容易达成公众对官方的理解与认可,所以双向沟通模式往往能取得非常积极的效果。

从上述案例分析中,也可以很明显地看出不同危机发展阶段所采取的官方话语模式是不同的,采取的这些不同的话语模式也对危机发展造成了不同的影响,有些是激化,有些是缓解、平息,而根据公共危机事件的实际发展情况来看,唯有双向沟通模式可以有效地缓解和平息危机。

第三节 政府话语危机的表现

话语权,既是政府权力的象征,又是政府形象的重要组成部分。与话语权相匹配的是政府及其工作人员独特的地位和身份。严谨的政府话语能够拉近公众与政府之间的距离,增进认同感,从而形成强大的社会凝聚力,稳定社会秩序;而不严谨的政府话语则会导致事态进一步恶化,带来政府话语危机。

政府话语的危机是对于政府及其工作人员不适当的甚至错误的言说行为,以及由此造成的负面状况的概括。[①] 本节以所选的 19 个典型危机案例为例,归

---

① 韩志明:《从"独白"走向"对话":网络时代行政话语模式的转向》,《东南学术》2012年第 5 期。

纳出政府话语失误的典型表现,见表 8-8。

表 8-8　典型事件中的政府话语失误

事　件	政府话语	失误点
温州动车事故	"至于你信不信,我反正信了""这只能是生命的奇迹"(王勇平)	生硬的幽默并不契合公众诉求 发言人话语缺乏严谨
天津爆炸事故	"不清楚""不了解""不掌握" 危险品爆炸物离居民区距离"还是蛮远的"(张勇) "不是我的职责"(危险品与小区建设物距离问题回应) "见到大家很高兴"(相关人员新闻发布会开场白)	含糊其辞 信息无法回应 态度敷衍,推脱责任 缺乏人文关怀
宁波江北区爆炸事故	领导"高度重视"	官方色彩太过浓厚
桃江县桃江四中肺结核事件	"相关领导部门高度重视" "做了大量工作" "有效处置" "效果显著"	话语过于官方、生硬
四川泸县中学生死亡事件	"当地有理由不予回应"	态度强硬

一、失语

失语,即沉默、不说话。在舆情发展初期甚至爆发期,官方一般会选择用沉默的方式应对舆情危机。根据沉默的螺旋理论,一般情况下这种沉默的态度会带来两种后果:公众随之越来越沉默或大众抗议情绪越来越激烈。后一种情况是更有可能出现的,当政府对事件不予回应甚至各大官媒都对公众热切关注的舆论事件三缄其口的时候,反而会引起公众更多的猜疑、不安和愤怒,这些负面情绪很大一部分来自公众对自己所接收到的信息不对等而产生的失落感,以及对自己身为公民却不能有效行使自己合法权益的不公正待遇的彷徨。这些负面情绪往往会在人群中得到更广泛的传播,营造出一种人人失去话语权和知情权的弱势感。在这些负面情绪的作用下,非常容易受煽动的所谓"弱势群体"会将政府置于公众的对立面,很容易导致政府与公众之间的割裂感,不利于政府与公众建立和谐关系。

沉默的态度也会影响到公共危机的发展,在潜伏期沉默,则会加速进入公共危机事件爆发期,对政府处理危机事件造成更大的阻碍,危机修复的难度加大。

事件传播过程中官方话语的缺失客观上还为谣言营造了滋生空间。在舆情发展初期,社会处于信息真空状态,公众能够掌握的信息十分匮乏,迫切需要官方发布权威信息以还原事件真相。如果官方此时不及时发布信息,那么来自非官方渠道的谣言便会乘虚而入,抢占舆论先机,"先发制人",赢取公众的信任。谣言一旦扩散开来,就会对舆情走向产生极为不利的影响,加大后期政府引导舆论、处置舆情的难度。在四川泸县中学生死亡事件中,官方表现出了严重的话语缺位:由于舆情初始阶段政府的不回应,导致铺天盖地的传言和舆论追问在网络上疯传,然而此时政府依然沉默,直到事件发生 4 天后才首次对谣言做了明确应答,但被动局面已然形成。

另一种情况是公众随着官方话语的沉默,也逐渐转向沉默,舆论事件不再成为人们的议论中心并渐渐被淡忘,这种情况也不少见。但是这种方式的公共危机解除只是暂时并且表面化的,负面情绪只是暂时没有爆发出来,并不代表它们会随着沉默一起消失。当下一次公共危机爆发时,这些负面情绪就会成为助燃剂,让公众的逆反情绪高涨,类似"坚决不能再沉默,否则这件事就会像过去一样渐渐被遗忘"的想法会因为那些过去被沉默对待、沉默消失的事件而成为舆情危机愈演愈烈的燃料。换言之,这次的沉默导致的沉默,会在以后一次性爆发出来,造成对政府、社会安定更加不利的舆情危机。沉默带来的不是遗忘,而是压缩与反弹,压缩得越厉害、时间越久,爆发时的反弹也就会更厉害。

二、话语内容失当

(一)官僚气息浓重

官僚主义色彩是伴随着传统的官本位思想发展而来的,对应的话语表现为官话、假话、大话、空话、套话、废话等。在官方发布的通报中,官僚气息浓重是最受诟病的一点。这些通报通常将官员的行政行为放在了通报的首要位置上,而对于危机事件中的具体情况,如公共事故灾害事件中公众非常关心的人员伤亡情况、事故原因、救助情况等放在次要位置进行通报。

宁波江北区爆炸案中的官方通报可谓是该事件的一个次生舆情,尽管政府在舆情处置上广受民众好评,但这篇官方色彩浓厚的通告还是让政府失了分(见图 8-1)。事故的情况通报共 243 字,220 字写的是各部门领导如何重视,仅最后一句涉及事件的有效信息。该通报一经发出,就引起网友热议,纷纷表达了对这种"公文式通报"的不满与抵触情绪。

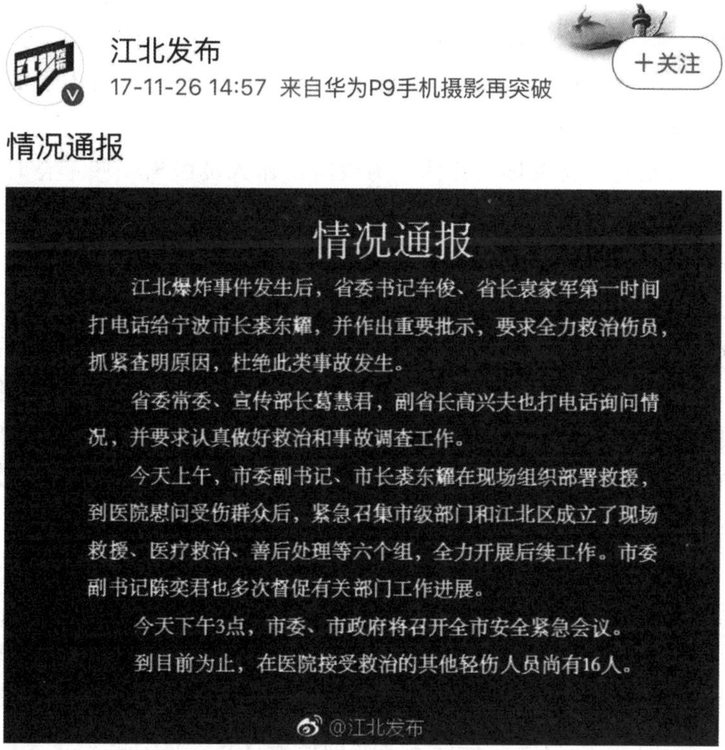

 江北发布
17-11-26 14:57 来自华为P9手机摄影再突破

情况通报

情况通报

> 江北爆炸事件发生后,省委书记车俊、省长袁家军第一时间
> 打电话给宁波市长裘东耀,并作出重要批示,要求全力救治伤员,
> 抓紧查明原因,杜绝此类事故发生。
> 省委常委、宣传部长葛慧君,副省长高兴夫也打电话询问情
> 况,并要求认真做好救治和事故调查工作。
> 今天上午,市委副书记、市长裘东耀在现场组织部署救援,
> 到医院慰问受伤群众后,紧急召集市级部门和江北区成立了现场
> 救援、医疗救治、善后处理等六个组,全力开展后续工作。市委
> 副书记陈奕君也多次督促有关部门工作进展。
> 今天下午3点,市委、市政府将召开全市安全紧急会议。
> 到目前为止,在医院接受救治的其他轻伤人员尚有16人。

@江北发布

图 8-1 宁波江北区爆炸案官方通报

这种通报内容被诟病的原因就在于该通报的目的不是向公众传达事件的详细、真实信息,而是宣传领导功绩。官方和公众之间的信息始终是处于不对等的位置,在公共危机中,官方对于公众来说是唯一确定可靠的消息源,官方发布的信息也就被视为最重要的信息,而当官方发布的不是公众迫切需要以及应该及时获得的信息时,公众会产生一种弱势感、失落感,其对政府的印象就会大打折扣。

像"××领导高度重视"这类官僚色彩浓厚的话语频繁出现,实际上折射出的是根深蒂固的官本位意识。与"字能体现一个人的品行性格"是一个道理,文风也是对政风的反映。少一些"领导重视",多一些"社会关切",才能够获得公众的普遍认同,提高社会凝聚力和公众对政府工作的满意度。

(二)缺乏人文关怀

与官僚气息浓重相对应的就是缺乏人文关怀。政府的人文关怀体现在重

视公众的生命尊严和权利,关注人的生存和发展。"社会科学领域的信任研究指出,判断话语主体是否具有较高可信度可以基于看其是否具有专业领域的能力、看其是否具有诚实正直的品质、看其是否具有关心受众的善心三个主要维度展开"①,"关心受众的善心"在危机事件中就表现为政府具备人文关怀,能够体察民情、适时抚慰民众情绪。

官方话语缺乏人文关怀往往体现为政府工作人员做出一些不合时宜、感情色彩不宜的发言。例如在天津8·12爆炸事故中,官方不仅在前六次新闻发布会中"官话连篇",没有一句体恤民众的话语,第六次新闻发布会甚至还以"见到大家很高兴"为开场白,瞬间引爆公众的不满情绪,造成新一波的舆论危机;温州动车事故中,官方违背了以人为本、生命第一的原则,迫切希望尽快完成与遇难者家属的赔偿协议,而未设身处地地考虑家属的悲痛心情和实际困难。官方如此冷漠、缺乏关怀的行为令公众出离愤怒,最终导致多位死者家属集结于温州南站,对铁道部进行抗议,演变成新的群体性事件。② 在危急时刻备受关注的新闻发布会上说出如此不谨慎的话语,是政府工作人员缺乏政治素养和舆情应对经验不足的表现。

人是社会性动物,同时也是情感动物,缺乏人文关怀的官方话语会让公众认为官方不理解、不尊重自己的情绪,这样的感受无疑不利于事件的沟通和解决,也不利于政府和公众和谐关系的构建和维护。久而久之,公众对政府工作的失望感会不断加深,政府长期以来建立的话语权和公信力就会丧失。

杜绝冷漠、缺少人文关怀的话语是官方话语能力提高的有力证明之一,也是缓和政府与公众之间冲突矛盾的最佳方式,更是政府塑造亲民形象、拉近与群众的距离的不二选择。在当下这个信息爆炸、情感沟通严重缺失的语境下,学会说让老百姓暖心的话,是政府必须掌握的硬性技能;在重大危机事件中,政府发表的充满人文关怀的话语,是遇难者家属乃至整个社会的一针强心剂,能起到平复社会不安情绪、扭转舆情被动局面的重要作用。

(三)答非所问,含糊其辞

在危机发展中官方采取的单向宣教模式,具体表现在官方对公众的信息需求不予理会,单方面地发布信息,并对信息进行控制和筛选。这种方式比沉默

---

① 张季树、王雪玉:《社会危机语境下政府话语使用及公信力建构》,《传播与版权》2016年第10期。

② 江松强:《政府在公共突发事件中的微博舆情应对》,硕士学位论文,华东理工大学,2012年。

的方式更有效,的确能一定程度地扭转舆情风向,但是那些拙劣的、粗糙的、意图明显的手段,一旦被揭穿,只会使官方面临更加难堪、尴尬的境地。

此类危机事件中官方不回应社会关切、自说自话的现象屡见不鲜:四川泸县中学生跳楼事件中,官方对舆论关注的焦点问题要么逃避应答,要么答非所问、自说自话,使自身陷入舆论被动局面。温州动车事故中,由于铁道部没有建立自己的官方微博,所以在面对微博网民铺天盖地的质疑声中,在这个阵地上始终没有发出任何声音,所有的宣传内容都是自话自说,与公众完全不在一个频道上。① 天津"8·12"爆炸事故中,诸如"不清楚""不了解"等模糊话语多次出现,"将尽快了解情况""找同事核实"等搪塞敷衍的话语也多次使用,时时刻刻刺激着公众敏感的神经。

在危机传播过程中,官方话语如若表现为答非所问、自说自话、含糊其辞,只会给公众和社会留下政府不负责任、对危机局面掌控能力不足的负面印象。公众的质疑情绪也会愈加强烈,舆情危机不但无法得到缓解、修复,反而更加严重,产生更深远的影响,政府的公信力和权威也会受到损害。

面对舆情危机事件,如果政府能在第一时间出面发声,及时有效、公开透明且不间断地向社会公布信息,完全反映社会舆论焦点及关切问题,那么即使官方只是进行单方面通报,没有与公众进行双向互动,公众也不会因此质疑,因为官方在公众提出疑问之前就已将所有信息公之于众,打消了公众的疑虑与不解。宁波江北区爆炸案就是很好的例子:江北警方在案件发生后持续透明公开的信息发布,以及所发布信息的透彻和翔实,完全阻断了网络谣言的滋生和蔓延,有针对性的信息发布不但解答了公众的种种疑问,而且让关注此事件的网友切切实实地感到了欣慰,使得舆情危机最终得以平稳化解。

可见,积极回应社会关切是任何舆情事件中政府都必须高度重视的重点问题,也是舆情处置成功的关键所在。一味地答非所问、含糊其辞,回避社会焦点,只会让政府陷入更深的舆论危机之中,是极为不可取的做法。

(四)话语生硬,晦涩难懂

官方话语官僚色彩过于浓重不可取,话语过于晦涩也不是一件好事,因为话语所面对的受众面是广大的,要充分考虑到人们的实际接受程度,以有利于信息的传播,如果话语太过生硬、晦涩难懂,公众很难有效接收到话语所传递的

---

① 江松强:《政府在公共突发事件中的微博舆情应对》,硕士学位论文,华东理工大学,2012年。

信息,那么这次发言效果就是没有意义。

在天津"8·12"爆炸事故的新闻发布会中,官方在信息公布中发表了许多确切数据,如"超过《天津工业企业挥发性有机物排放控制标准》的厂区周界外最高浓度限制 1.2 至 1.62 倍之间",并且使用了大量的专业术语,如"甲苯""三氯甲烷""氯化钠"等。① 这种颇具专业性和理论性的监测数据很难被大众所理解,人们无法透过这些精准的数据得出有关事件的最终结论,这些数据的披露也就毫无意义。而数据分析本应是官方的职责所在,公众需要官方提供的应该是数据分析后的详细且通俗易懂的结论,而不是这些单薄且晦涩难懂的专业数据。

或许官方选择公布数据信息的本意是想让汇报听起来更具专业性、权威性,以凸显政府工作之严谨,但不被理解的话语不但没有任何意义,反而会产生反作用。毕竟,话语的可理解性是对话的基本要求。进行话语沟通的前提是话语双方必须能充分理解彼此话语的含义,在此基础上才有进一步交流的可能,如果一方话语不具备可理解性,相当于一端在话语源头就被切断,无法进行更加深入的互动沟通。

在危机传播过程中,相比于官方晦涩难懂的专业术语,人们更倾向于相信网络上流传甚广的、大家普遍转发评论的非官方信息甚至是谣言。因为这些信息人们看得懂且能理解,加上群体行为的渲染和煽动,非官方渠道发布的信息看起来似乎要比官方信息离真相还要近一些,更容易得到大家的认同。因此,官方要避免话语体系过于生硬难懂,多说老百姓"听得懂"的话,才能获得更好的传播效果,同时提高工作效率。

第四节　政府舆情危机应对策略

上文分析了比较上述事件中政府舆情应对行为的得失、政府话语的失误点,以及一些案例的危机发展不同阶段的官方话语模式,本节针对政府的舆情危机应对,提出几点策略,仅供参考。

---

① 张季树、王雪玉:《社会危机语境下政府话语使用及公信力建构》,《传播与版权》2016 年第 10 期。

一、健全危机预警系统

有很多危机其实都是可以提前预测到并且避免的，在危机发展的潜伏期，政府就应该及时采取措施，预防危机的继续发酵，防止其进入爆发期。例如河北男童坠井事件，政府有关部门应加强平时的管理和风险排除，枯井问题等是因为政府本身没有做好管理而导致的安全隐患，一旦发生安全事故，不仅对政府产生负面，百姓的生命安全也面临威胁。

同样的还有两起通报先后被撤除的案例，官方发出通报而后又撤除，虽然政府意识到自己的错误并及时改正，但说到底，这两起舆论危机事件都是官方没有妥善地进行危机管理而造成的。

在危机发展的潜伏期，政府持维稳心理可以理解，但很多时候，与其一味地采取封闭控制的话语模式，不如及时主动地对事件前因后果进行公布，这样既可以掌握舆论话语权，又可以有效地和大众进行沟通，获得公众的理解。相反，有些事件如果在一开始就采取封闭控制模式去处理，只会让公众的对抗心理更加强烈，对于危机发展到爆发期反倒是起了催化作用。例如雷洋案，警方最开始没有及时发布信息，等网上出现了问责的热门帖子后，警方又选择了删帖的控评方式，不仅没有起到平息舆论的作用，还催化了危机的发展进程。

具体来说，健全危机预警系统需要政府掌握有丰富、全面的社会各界信息，并具备高效率的信息处理机制，实时把控危机事件中的各种动态，根据所掌握的情况做出防范措施。政府也应当做好自查工作，对玩忽职守、滥用职权，以及工作中不负责任的行为而导致的完全可以避免的危机事件，要做到尽力避免，一旦发生，也要严格追查。

二、把握信息时效性

在危机的爆发期中，政府应对要积极主动。网络时代信息传播速度非常快，在突发事件中政府要及时发言，掌握舆情引导的地位对控制舆论发展具有十分重要的作用。有效利用传播平台如微博、微信，充分利用舆情应对的"黄金4 小时"，保证信息公开透明，掌握话语主动权。像宁波江北区爆炸案、杭州公交车纵火案，正是因为政府的快速反应和及时的信息发布，从而抓住了处理危机和引导舆情风向的最佳时机，推动事件平稳过渡。

在这一时期，单向宣教模式可以考虑，但要根据事态情况，审慎发言。官方发言不仅仅指官方通报，还包括政府工作人员在参与处理事件时说的话。因此在预防舆论危机方面,政府工作人员需审慎发言,作为官方代表,各个部门都有自己的职责,要时刻谨记自己的职业身份。有些事件在发生初期和政府部门没有直接关系,但是后期政府涉入处理事件时,如发言时不够谨慎,可能导致公众的激烈情绪迁怒到政府。

因为公众从官方发布的信息内容中获得的除了关于事件的那一部分内容,还会获得官方的话语态度、行为方式等其他信息,政府信息发布及时和措辞严谨会反映出政府工作的负责和对事件的重视。

三、提高信息发布的针对性

案情爆发初期,是舆情最为敏感的时期。这一阶段信息尚不明确,公众处于迷茫、猜疑、恐慌之中,负面情绪占据主流,舆论呈现井喷之势。要想压缩谣言产生空间、消除社会恐慌、稳定民众情绪,政府必须在第一时间回应社会关切,为公众答疑解惑;及时掌握舆论动态,全面搜罗信息,针对舆论质疑热点,有针对性地发布信息。

天津港爆炸事故中,官方信息与舆论关切点不契合,导致屡屡出现新闻发布人员"不清楚""不了解""不掌握"的一问三不知的尴尬局面;面对记者的质疑,相关人员甚至对案件的一些基础性问题都无法回应,只能回复"这个情况不了解,需要下来问一下""这个情况需要找同事核实一下"。殊不知,这是在以透支政府公信力为代价进行舆情处置。

四、深入调查事实,不敷衍大众

在危机事件的舆情应对中,政府一旦沉默失语或是言论模棱两可、含糊不明,都会大大折损公众对政府的信任度,降低政府的公信力,严重的还会导致次生舆情灾害。政府在舆情处置中,要突破思维定式,避免按部就班、自说自话,而是要进行严格的取证,深入调查事实,给社会公众一个满意的答复。

这一应对策略往往体现在政府通报中,如果有关部门深入调查了事实真相,在通报中具体细致地解释清楚,那么这次舆情应对基本就是一个正面应对案例。

舆情危机的形成有一部分原因是群众掌握的信息非常少,在信息量有限的情况下,会产生各种各样的猜测,这些内心的猜测依赖于官方给出的事实真相予以证实或否定,为打消公众心中的疑虑,官方必须给出有力的证据,否则,将会助长负面情绪的感染,使谣言四起,也会对政府形象造成不利影响。

五、遏制谣言传播

在公众信息不足的情况下，谣言的传播经常是无往不利的，编造一个谣言比调查真相容易，谣言的传播速度也比事实更快。这也导致谣言造成的后果十分严重，它可能影响到危机发展的进程，可能导致社会恐慌，可能会对一些事件当事人造成伤害，也可能会对国家利益造成损失。

因此，在舆情危机中，政府要时时关注网络舆论环境的变化，发现谣言要及时遏制，对造谣、传谣者做出严厉处罚，包括但不仅限于口头教育，以起到震慑作用。

任何社会结构单元之存续，总是与它能承担的社会功能紧密关联的。在社会系统管理创新中，政府、新闻媒体等引导主体要切实发挥社会舆论引导、社会利益表达、社会情绪疏导、社会关系协调、社会新闻监督、社会价值引领等职能。新媒体时代话语多元，舆论生态日益复杂多变，媒介融合后政府的舆论引导，已成为国家治理体系现代化建设中迫切需要加强的工作。

结　语

　　舆论研究及相关的政府舆论引导是学界的研究焦点。本研究从"舆论"的传播和词语的复活标志着重新建立世界的表象入手。舆论,较之其他人文社会现象,具有更强烈的系统意义,舆论不是主体自我的内向化实践,舆论发生在人与人交往构成的社会性存在中,同时也是在与社会各个领域的具体实践关系中存在的。因此本研究在把舆论理论应用于中国社会变迁的过程时,同时关注西方舆论学理论建构中的理论前提,抽取了某些历史片段来考察复杂社会演变机理。舆论研究一般与三类主体——政府、媒介与公众间的多元互动有关,本研究的焦点放置在分析各自内部的分化和冲突及其对外部关系的影响和作用机制上,并没有把舆论在社会中的构成和变动简单化,考察现实情境中正式权力(政府)与其施加对象之间的复杂关联。中国传统文化的理想是"和",但传统的共同体式的生活已被打破,身处复杂现实之中,利益差别和价值观的多元化使得现代人难以建立普遍认同体系。陈力丹教授在谈到舆论的形成过程时提到"提供了各种舆论最深层结构的传统文化与道德,需要予以关注"。[①] 古代中国传统政治文化形成了民众利益表达难以逾越的屏障。利益表达的前提是承认民众个人或群体利益是正当的,中国传统文化的理想是"和",是一种整体本位的文化,其认为个人利益应当服从整体利益,也可以称之为义务本位的文化。[②]张君劢说公共政治文化源远流长,除了制度平台,是否还需要深层的价值文化?在一个"价值诸神"的时代,通过舆论如何培养公众的参与意识和自治意识,从而形成以制度为平台的公共政治文化?[③]

　　舆论在传播媒介所呈现的是一种象征性结构,生活世界中传播主体的基本交往关系也同样是象征性的。但舆论的定义不能成为传播主体的自我内向化

---

　　① 　陈力丹:《舆论学:舆论导向研究》,上海交通大学出版社 2008 年版,第 62-63 页。

　　② 　王绍光:《政治文化与社会结构对政治参与的影响》,《清华大学学报》(哲学社会科学版)2008 年第 4 期。

　　③ 　张君劢:《立国之道》,民国铅印本,第 274 页。

实践,因为与它相关的诸多领域的活动是在具体实践关系中存在的。从纯粹现象的浅层来看,"舆论引导"语用中的"舆论"以规范性权利义务为主要内容来规制人的行为,是一种异化产物。然而,若以理性的眼光来观察舆论的本质的深层,我们便会发现,舆论应表达人的一种生活方式与生活态度,舆论的源头,便是现实的人的日常生活世界。所谓舆论,就是社会成员不自觉的道德状态。① 舆论一经形成,就世代相传,成为一种固定化的心理制约力量。② 现代社会学理论中社会与个体之间存在难以克服的二元对立关系。③ 舆论引导的国家主义表达的是个体与社会之间的关系,现代社会的道德前提与伦理困境是一种基于个体自由选择的人为社会关系和一个由自由个体组成的社会。"共同体"中的人似乎注定在传统和现代之间无所适从。④

当前网络舆论让我们从社会治理的新视角来理解媒体融合发展,其中既包括新闻传媒事业要与国家的治理体系、民众的社会需求相融合,真实体现社会民生,及时回应社会关切,理性疏导社会舆论,共同推动民主政治和社会发展,也基于舆论引导新格局的大背景,中国新闻事业中的舆论引导所涉及的道德问题与政治问题并不能简单还原为技术问题,舆论引导不能简化为政治治理技术,它需要得到文化伦理的内在支撑。互联网时代,我们也不能无视中国社会建立在情感伦理上的前提。传统文化既是费孝通笔下的"差序格局",中国人最真实的生活世界,也是生活共同体。"传统是社会结构的一个向度"⑤,是文化基底内部人们行为或信仰的模式,也在深层次上影响着人们对世界的想象和表达。传统宛如挥之不去的意识,引领着大众的风尚与追求。互联网时代的舆论引导新格局是一个开放的动态演变过程,在这中间对政府来说转变思维方式非常重要。到底是理性设计多些,还是依存于传统的演化⑥,对政府执政者来说,公众舆论既是公众权利又可以是统治工具,但唯有尊重公众权利,政府的善治方有可能。如何利用好传统与现实的种种关系,使其更好地表达意识形态文化建构中的传统——大众蕴涵,这是一个需要认真思考的问题。

---

① 朱学勤:《风声·雨声·读书声》,生活·读书·新知三联书店 1994 年版。

② 林秉贤:《社会心理学》,群众出版社 1985 年版。

③ Talcott Parsons, *The structure of Social Action*, New York: Free Pree, 1968, p. xxi.

④ Talcott Parsons, *American Society: A Theory of the Societal Community*, Boulder: Paradigm Publishers, 2007, pp. 70-73. 转引自李猛:《"社会"的构成:自然法与现代社会理论的基础》,《中国社会科学》2012 年第 10 期。

⑤ [美]E. 希尔斯:《论传统》,傅铿、吕乐译,上海人民出版社 1991 年版,第 9 页。

⑥ 许纪霖、宋宏:《现代中国思想的核心观念》,上海人民出版社 2011 年版,第 53 页。

参考文献

一、外文著作

[1] Edgar Snow, *The Long Revolution*, New York: Vintage Books,1973.

[2] Elizabeth J. Perry, *Crime,Corruption,and Contention*, in M. Goldman, R. MacFarquhar, *The Paradox of Chinaps Post-Mao Reforms*, Cambridge: Harvard University Press,1999.

[3] Splichal, Slavko, *Public Opinion and Democracy: Vox Populi-vox Dei, Cresskill*, New York: Hampton Press, 2001.

[4] Steven C. Hayes,et al., *Varieties of Scientific Contextualism*, Oakland: Context Press, 1993.

[5] Talcott Parsons, *The Structure of Social Action*, New York: Free Press, 1968.

二、外文期刊文献

[1] Louis Wirth, "Urbanism as a Way of Life", *American Journal of Sociology*, Vol. 44, 1938, pp. 1-24.

[2] Lucian W. Pye, "The State and the Individual: An Overview Interpretation", *The China Quarterly*,Vol. 127, 1991, pp. 443-466.

[3] John K. Frirbank, "The Intellectual History of China: Preliminary Reflections",*Chinese Thought and Institutions*,1975,pp. 16-20.

[4] Robert Sugden, "Beyond Sympathy and Empathy: Adam Smith's Concept of Fellow-feeling", *Economics and Philosophy*,Vol. 18,2002.

[5] William Riggs, Eric von Hippel, "The Impact of Scientific and Commercial Values on the Sources of Scientific Instrument Innovation", *Research*

Policy，Vol. 23，1994，pp. 459-469.

三、译著

[1] [澳]费约翰:《唤醒中国:国民革命中的政治、文化与阶级》,李霞等译,生活·读书·新知三联书店 2004 年版。

[2] [德]恩斯特·卡西尔:《人论》,甘阳译,上海译文出版社 1985 年版。

[3] [德]胡塞尔:《欧洲科学危机和超验现象学》,张庆熊译,上海译文出版社 1988 年版。

[4] [德]马克斯·韦伯:《经济与社会》,闫克文译,上海人民出版社 2010 年版。

[5] [德]马克斯·韦伯:《新教伦理与资本主义精神》,彭强等译,陕西师范大学出版社 2001 年版。

[6] [德]斐迪南·滕尼斯:《共同体与社会:纯粹社会学的基本概念》,林荣远译,北京大学出版社 2010 年版。

[7] [德]托马斯·海贝勒、君特·舒耕德:《从群众到公民:中国的政治参与》,张文红译,中央编译出版社 2009 年版。

[8] [法]克洛德·莱维-斯特劳斯:《结构人类学》,谢维扬、俞宣孟译,上海译文出版社 1995 年版。

[9] [法]让·波德里亚:《消费社会》,刘成富、全志钢译,南京大学出版社 2000 年版。

[10] [法]古斯塔夫·勒庞:《乌合之众:大众心理研究》,冯克利译,中央编译出版社 2007 年版。

[11] [法]埃米尔·涂尔干:《社会分工论》,渠东译,生活·读书·新知三联书店 2000 年版。

[12] [捷]米兰·昆德拉:《小说的艺术》,唐晓渡译,作家出版社 1993 年版。

[13] [美]爱德华·罗斯:《社会控制》,秦志勇、毛永政等译,华夏出版社 1989 年版。

[14] [美]爱德华·萨丕尔:《语言论》,陆卓元译,商务印书馆 1997 年版。

[15] [美]本杰明·史华兹:《古代中国的思想世界》,程钢译,江苏人民出版社 2004 年版。

[16] [美]本杰明·史华兹:《思想的跨度与张力:中国思想史论集》,王中江编,中州古籍出版社 2009 年版。

[17] [美]本杰明·史华兹:《寻求富强:严复与西方》,叶凤美译,江苏人民出版

社 2010 年版。

[18] [美]本尼迪克特·安德森:《想象的共同体:民族主义的起源与散布》,吴叡人译,上海人民出版社 2005 年版。

[19] [美]道格拉斯·C.诺斯:《经济史中的结构和变迁》,陈郁、罗华平译,上海三联书店 1994 年版。

[20] [美]费正清、刘广京:《剑桥中国晚清史》,郭沂纹译,中国社会科学出版社 1993 年版。

[21] [美]费正清:《观察中国》,傅光明译,世界知识出版社 2001 年版。

[22] [美]弗朗西斯·福山:《大分裂:人类本性与社会秩序的重建》,刘榜离、王胜利译,中国社会科学出版社 2002 年版。

[23] [美]格里德尔:《知识分子与现代中国:他们与国家关系的历史叙述》,单正平译,广西师范大学出版社 2010 年版。

[24] [美]赫伯特·马尔库塞:《审美之维》,李小兵译,广西师范大学出版社 2001 年版。

[25] [美]亨廷顿:《变化社会中的政治秩序》,王冠华等译,生活·读书·新知三联书店 1989 年版。

[26] [美]吉尔伯特·罗兹曼主编:《中国的现代化》,国家社会科学基金"比较现代化"课题组译,江苏人民出版社 1988 年版。

[27] [美]克莱·舍基:《人人时代:无组织的组织力量》,胡泳、沈满琳译,中国人民大学出版社 2012 年版。

[28] [美]马克斯韦尔·麦库姆斯:《议程设置:大众媒介与舆论》,郭镇之、徐培喜译,北京大学出版社 2008 年版。

[29] [美]马泰·卡林内斯库:《现代性的五副面孔》,顾爱彬、李瑞华译,商务印书馆 2002 年版。

[30] [美]帕克等:《城市社会学:芝加哥学派城市研究文集》,宋俊岭、吴建华、王登斌译,华夏出版社 1987 年版。

[31] [美]乔纳森·特纳:《社会学理论的结构》,邱泽奇译,浙江人民出版社 1987 年版。

[32] [美]乔纳森·特纳等:《情感社会学》,孙俊才译,上海人民出版社 2007 年版。

[33] [美]田浩:《朱熹的思维世界》,江苏人民出版社 2009 年版。

[34] [日]成濑治:《"市民的公共性"理念》,载[日]柴田三千雄等编:《世界史》,

岩波书店 1989 年版。

[35] [日]土屋英雄:《梁启超的"西洋"摄取与权利:自由论》,载[日]狭间直树编:《梁启超·明治日本·西方:日本京都大学人文科学研究所共同研究报告》,社会科学文献出版社 2012 年版。

[36] [瑞士]费尔迪南·德·索绪尔:《普通语言学教程》,高名凯译,商务印书馆 2001 年版。

[37] [苏]巴赫金:《巴赫金全集》第三卷,白春仁译,河北教育出版社 1998 年版。

[38] [英]安东尼·吉登斯:《社会的构成:结构化理论大纲》,李康、李猛译,生活·读书·新知三联书店 1998 年版。

[39] [英]弗雷德·英格利斯:《文化》,韩启群等译,南京大学出版社 2008 年版。

[40] [英]霍布斯:《利维坦》,黎思复、黎廷弼译,商务印书馆 1985 年版。

[41] [英]马林诺夫斯基:《科学的文化理论》,黄建波等译,中央民族大学出版社 1999 年版。

[42] [英]汤因比:《历史研究》,曹未风译,上海人民出版社 1987 年版。

四、中文著作

[1] 曹锦清:《黄河边的中国》,上海文艺出版社 2013 年版。

[2] 陈力丹:《精神交往论:马克思恩格斯的传播观》,中国人民大学出版社 2008 年版。

[3] 陈力丹:《舆论学:舆论导向研究》,上海交通大学出版社 2012 年版。

[4] 陈弱水:《公共意识与中国文化》,新星出版社 2006 年版。

[5] 陈旭麓:《近代中国社会的新陈代谢》,上海人民出版社 1992 年版。

[6] 程世寿:《公共舆论学》,华中科技大学出版社 2003 年版。

[7] 方汉奇:《中国近代报刊史》,山西人民出版社 1981 年版。

[8] 费孝通:《江村经济》,北京大学出版社 2012 年版。

[9] 费孝通:《乡土中国》,商务印书馆 2011 年版。

[10] 冯贤亮:《明清江南地区的环境变动与社会控制》,上海人民出版社 2002 年版。

[11] 戈公振:《中国报学史》,上海古籍出版社 2003 年版。

[12] 葛兆光:《中国思想史》,复旦大学出版社 2007 年版。

[13] 侯杰:《〈大公报〉与近代中国社会》,南开大学出版社 2006 年版。

［14］蒋廷黻：《中国近代史》，上海古籍出版社 1999 年版 。

［15］金观涛、刘青峰：《观念史研究：中国现代重要政治术语的形成》，香港中文大学出版社 2008 年版。

［16］雷颐：《面对现代性挑战：清王朝的应对》，社会科学文献出版社 2012 年版。

［17］《李大钊全集》，河北教育出版社 1999 年版。

［18］李剑农：《戊戌以后三十年中国政治史》，中华书局 1965 年版。

［19］李剑农：《中国近百年政治史》，复旦大学出版社 2002 年版。

［20］李幼蒸：《历史符号学》，广西师范大学出版社 2003 年版。

［21］李泽厚：《中国现代思想史论》，天津社会科学院出版社 2003 年版。

［22］梁启超：《卢梭学案》，载《梁启超哲学论文集》，北京大学出版社 1983 年版。

［23］林秉贤：《社会心理学》，群众出版社 1985 年版。

［24］林甘泉：《中国古代政治文化论稿》，安徽教育出版社 2004 年版。

［25］林语堂：《吾国与吾民》，湖南文艺出版社 2016 年版。

［26］林语堂：《中国新闻舆论史》，中国人民大学出版社 2008 年版。

［27］刘建明：《社会舆论原理》，华夏出版社 2002 年版。

［28］鲁迅：《坟·摩罗诗力说》，载《鲁迅全集》，人民文学出版社 2005 年版。

［29］陆扬、王毅：《大众文化与传媒》，上海三联书店 2000 年版。

［30］罗吉斯：《乡村社会变迁》，浙江人民出版社 1988 年版。

［31］《马克思恩格斯全集》，人民出版社 1979 年版。

［32］钱穆：《从中国历史来看中国民族性及中国文化》，香港中文大学出版社 1979 年版。

［33］渠敬东主编：《涂尔干：社会与国家》，商务印书馆 2014 年版。

［34］任剑涛：《伦理王国的构造：现代性视野中的儒家伦理政治》，中国社会科学出版社 2005 年版。

［35］邵培仁主编，何扬鸣、张健康编著：《20 世纪中国新闻学与传播学宣传学和舆论学卷》，复旦大学出版社 2002 年版。

［36］汪晖：《现代中国思想的兴起》下卷第二部《科学话语共同体》，生活·读书·新知三联书店 2008 年版。

［37］王沪宁：《政治的逻辑：马克思主义政治学原理》，上海人民出版社 1994 年版。

［38］王向民：《民国政治与民国政治学：以 1930 年代为中心》，上海人民出版社 2008 年版。

［39］吴钧：《隐权力：中国历史弈局的幕后推力》，云南人民出版社 2010 年版。

［40］吴靖：《文化现代性的视觉表达：观看、凝视与对视》，北京大学出版社 2012 年版。

［41］吴廷俊：《新记大公报史稿》，武汉出版社 1994 年版。

［42］吴廷俊：《中国新闻史新修》，复旦大学出版社 2008 年版。

［43］萧功秦：《危机中的变革：清末现代化进程中的激进与保守》，上海三联书店 1999 年版。

［44］熊月之：《西学东渐与晚清社会》，上海人民出版社 1994 年版。

［45］熊月之：《中国近代民主思想史》，上海人民出版社 1986 年版。

［46］许纪霖、宋宏：《现代中国思想的核心观念》，上海人民出版社 2010 年版。

［47］刘建明、纪忠慧、王莉丽：《舆论学概论》，北京大学出版社 2009 年版。

［48］薛晓源、曹荣湘：《全球化与文化资本》，社会科学文献出版社 2005 年版。

［49］喻国明：《解构民意：一个舆论学者的实证研究》，华夏出版社 2001 年版。

［50］张君劢：《新儒家思想史》，中国人民大学出版社 2006 年版。

［51］张汝伦：《政治世界的思想者》，复旦大学出版社 2009 年版。

［52］张旭东：《全球化时代的文化认同：西方普遍主义话语的历史批判》，北京大学出版社 2005 年版。

［53］赵轶峰：《明代的变迁》，上海三联书店 2008 年版。

［54］赵毅衡：《符号学》，南京大学出版社 2012 年版。

［55］赵月枝：《传播与社会：政治经济与文化分析》，中国传媒大学出版社 2011 年版。

［56］中国社会科学院新闻研究所《新闻研究资料》编辑部编辑：《新闻研究资料》（第 58 辑），中国社会科学出版社 1992 年版。

［57］朱地：《一九五七年的中国》，华文出版社 2005 年版。

［58］朱学勤：《风声·雨声·读书声》，生活·读书·新知三联书店 1994 年版。

五、中文期刊文献

［1］曹海林：《村落公共空间：透视乡村社会秩序生成与重构的一个分析视角》，《天府新论》2005 年第 4 期。

［2］曹坤、王珏：《媒介融合语境下城市电视台的文化传播影响力构建》，《现代传播》2013 年第 9 期。

［3］陈独秀：《新教育是什么》，《新青年》1921 年第 8 卷第 6 号。

[4] 陈凡、陈多闻:《文明进步中的技术使用问题》,《中国社会科学》2012年第2期。

[5] 陈喆、祝华新:《网络舆论的发展态势和社会影响》,《国际新闻界》2009年第9期。

[6] 陈忠:《现代城市观哲学研究:一种城市哲学和城市批评史的视角》,《马克思主义与现实》2014年第6期。

[7] 成伯清:《"体制性迟钝"催生"怨恨式批评"》,《人民论坛》2011年第18期。

[8] 成伯清:《"中国体验"的意义和价值》,《学习与探索》2012年第3期。

[9] 党明辉:《公共舆论中负面情绪化表达的框架效应:基于在线新闻跟帖评论的计算机辅助内容分析》,《新闻与传播研究》2017年第4期。

[10] 邓小南:《宋代信息渠道举隅:以宋廷对地方政绩的考察为例》,《历史研究》2008年第3期。

[11] 狄金华、钟涨宝:《中国农村社会管理机制的嬗变:基于整合视角的分析》,《吉林大学社会科学学报》2012年第3期。

[12] 丁立群:《实践哲学:两种对立的传统及其超越》,《马克思主义与现实》2012年第2期。

[13] 董磊明、郭俊霞:《乡村社会中的面子观与乡村治理》,《中国社会科学》2017年8月。

[14] 樊亚平、刘静:《舆论宣传·舆论导向·舆论引导:新时期中共新闻舆论思想的历史演进》,《新闻学论集》2011年第4期。

[15] 樊志辉:《"实践哲学"本土化视野的价值与误导》,《学术研究》2004年第1期。

[16] 范如国:《复杂网络结构范型下的社会治理协同创新》,《中国社会科学》2014年第4期。

[17] 方晓红、牛耀红:《网络公共空间与乡土公共性再生产》,《编辑之友》2017年第3期。

[18] 郗书锴:《"公共舆论"还是"公众意见"? ——兼对 Public Opinion 术语不同翻译的商榷》,《国际新闻界》2009年10期。

[19] 郭若平:《中共"五四"论述与意识形态建构的文化转向:以大革命失败到延安时期为中心》,《中共党史研究》2012年第5期。

[20] 韩鸿:《参与式传播:发展传播学的范式转换及其中国价值:一种基于媒介传播偏向的研究》,《新闻与传播研究》2010年第1期。

[21] 洪杰文、朱若谷:《新闻归因策略与公众情感唤醒:当代热点舆论事件的情感主义路径》,《武汉大学学报》(人文科学版)2016 年第 4 期。

[22] 黄旦:《舆论:悬在虚空的大地?——李普曼〈公众舆论〉阅读札记》,《新闻记者》2005 年第 11 期。

[23] 黄曼君:《回到经典 重释经典:关于 20 世纪中国新文学经典化问题》,《文学评论》2004 年第 4 期。

[24] 姜红:《舆论如何是可能的?——读李普曼〈公众舆论〉笔记》,《新闻记者》2006 年第 2 期。

[25] 金太军、姚虎:《国家认同:全球化视野下的结构性分析》,《中国社会科学》2014 年第 6 期。

[26] 匡文波:《网络非理性情绪的产生、蔓延与应对策略:关于城管执法问题的网络舆情分析》,《人民论坛·学术前沿》2013 年第 9 期。

[27] 蓝宇蕴:《都市村社共同体:有关农民城市化组织方式与生活方式的个案研究》,《中国社会科学》2005 年第 2 期。

[28] 李猛:《"社会"的构成:自然法与现代社会理论的基础》,《中国社会科学》2012 年第 10 期。

[29] 李猛:《论抽象社会》,《社会学研究》1999 年第 1 期。

[30] 李双龙、郑博斐:《舆论主体及当下国内舆论的焦点诉求》,《当代传播》2014 年第 5 期。

[31] 李小华、覃亚林:《论主旋律影片家国情怀的历史脉络与现实逻辑》,《现代传播》2018 年第 7 期。

[32] 李友梅等:《当代中国社会建设的公共性困境及其超越》,《中国社会科学》2012 年第 4 期。

[33] 欧阳友权:《数字媒介与中国文学的转型》,《中国社会科学》2007 年第 1 期。

[34] 潘忠党:《舆论研究的新起点:从陈力丹著〈舆论学:舆论导向研究〉谈起》,《新闻与传播评论》2001 年第 1 期。

[35] 沙垚:《从影戏到电视:乡村共同体想象的解构》,《新闻大学》2012 年第 1 期。

[36] 沙垚:《重构中国传播学:传播政治经济学者赵月枝教授专访》,《新闻记者》2015 年第 1 期。

[37] 邵燕君:《传统文学生成机制的危机和新型机制的生成》,《文艺争鸣》(当代

文学版)2009 年第 12 期。

[38] 沈松侨:《国权与民权:晚清的"国民"论述,1895—1911》,原载《"中央研究院"历史语言研究所集刊》2002 年第 12 期。

[39] 石天河:《舆论溯源》,《书屋》2005 年第 5 期。

[40] 史达:《互联网政治生态系统构成及其互动机制研究》,《政治学研究》2010 年第 3 期。

[41] 隋岩:《多重复合的当代中国电视文化意识形态》,《中国人民大学学报》2002 年第 5 期。

[42] 孙立平等:《改革以来中国社会结构的变迁》,《中国社会科学》1994 年第 3 期。

[43] 唐昊:《转型期中国社会利益群体的政治分析》,《学术论坛》2000 年第 4 期。

[44] 童兵:《新媒体时代舆论表达和舆论引导新格局》,《新闻爱好者》2014 年第 7 期。

[45] 王斌、贺嘉钰:《试析信息技术在基层社会管理中的应用:以社区网格化为例》,《国际新闻界》2013 年第 9 期。

[46] 王汎森:《中国近代思想文化史研究的若干思考》,《新史学》2003 年第 4 期。

[47] 王列生:《论文化制度创新中的技术支撑》,《文艺研究》2010 年第 5 期。

[48] 王铭玉:《语言文化研究的符号学观照》,《中国社会科学》2011 年第 3 期。

[49] 王绍光:《政治文化与社会结构对政治参与的影响》,《清华大学学报》(哲学社会科学版)2008 年第 4 期。

[50] 王铁仙:《两种中国文化传统:区分、辩证与融通》,《中国社会科学》2010 年第 5 期。

[51] 王雄军:《中国模式中"强政府"角色定位的影响因素分析》,《探求》2007 年第 2 期。

[52] 项继权:《中国农村社区及共同体的转型与重建》,《华中师范大学学报》(人文社会科学版)2009 年第 3 期。

[53] 肖尧中:《国家—社会关系与舆论引导的相关性探析》,《当代传播》2013 年第 1 期。

[54] 肖尧中:《舆论引导的社区化路径探析》,《西南民族大学学报》(人文社会科学版) 2013 年第 4 期。

[55] 谢金林：《控制、引导还是对话：政府网络舆论管理理念的新思考》，《中共福建省委党校学报》2010 年第 9 期。

[56] 谢岳：《公共舆论：美国民主的社会基础》，《江苏社会科学》2002 年第 4 期。

[57] 许纪霖：《大我的消解：现代中国个人主义思潮的变迁》，《中国社会科学辑刊》2010 年第 3 期。

[58] 许纪霖：《共和爱国主义与文化民族主义：现代中国两种民族国家认同观》，《华东师范大学学报》（哲学社会科学版）2006 年第 4 期。

[59] 姚建宗：《生活的场景与法治的向度》，《吉林大学社会科学学报》2000 年第 1 期。

[60] 叶勇豪、许燕、朱一杰等：《网民对 "人祸" 事件的道德情绪特点：基于微博大数据研究》，《心理学报》2016 年第 3 期。

[61] 衣俊卿：《论哲学视野中的文化模式》，《北方论丛》2001 年第 1 期。

[62] 衣俊卿：《论中国现代化的文化阻滞力》，《学术月刊》2006 年第 1 期。

[63] 殷杰：《语境主义世界观的特征》，《哲学研究》2006 年第 5 期。

[64] 尹树广：《交往问题的历史和现实》，《求是学刊》2000 年第 3 期。

[65] 尹树广：《生活世界的现实及其价值维度》，《哲学研究》2003 年第 1 期。

[66] 尹韵公：《解放思想，开拓进取，丰富和发展中国特色社会主义新闻学》，《新闻与传播研究》2009 年第 1 期。

[67] 郁建兴、高翔：《地方发展型政府的行为逻辑及制度基础》，《中国社会科学》2012 年第 5 期。

[68] 喻国明、焦建、张鑫：《"平台型媒体"的缘起、理论与操作关键》，《中国人民大学学报》2015 年第 6 期。

[69] 喻国明等：《破解 "渠道失灵" 的传媒困局："关系法则"详解：兼论传统媒体转型的路径与关键》，《现代传播》2015 年第 11 期。

[70] 袁光锋：《互联网使用与业主抗争：以番禺反垃圾焚烧维权事件为案例》，《中国地质大学学报》（社会科学版）2012 年 5 月。

[71] 曾庆香：《对"舆论"定义的商榷》，《新闻与传播研究》2007 年第 4 期。

[72] 张成福、李丹婷：《公共治理与公共利益》，《中国人民大学学报》2012 年第 2 期。

[73] 张佛泉：《西化问题之批判》，《国闻周报》1935 年第 12 期。

[74] 张福贵：《庶民社会的人生畅想与精神漫游：论中国古代小说的俗文化本质》，《吉林大学社会科学学报》1998 年第 2 期。

[75] 张君劢:《中华新民族性之养成》,《再生》1934 年第 9 期。

[76] 张汝伦:《从教化到启蒙:近代中国政治文化的起源》,《复旦学报》(社会科学版)2009 年第 2 期。

[77] 赵英兰、刘扬:《清末民初东北民间祈雨信仰与社会群体心理态势》,《吉林大学社会科学学报》2011 年第 5 期。

[78] 郑保卫、邹晶:《媒体变局与舆论引导》,《新闻与写作》2008 年第 8 期。

[79] 郑保卫:《掌握驾驭和引导舆论的艺术,提高应对和化解舆论危机的水平》,《新闻记者》2005 年第 2 期。

[80] 郑宛莹:《从李天一事件谈媒体对于网络情绪型舆论的引导》,《现代传播》2013 年第 12 期。

[81] 钟涨宝、狄金华:《社会转型与农村社会管理机制创新》,《华中农业大学学报》(社会科学版) 2011 年第 2 期。

[82] 郑杭生:《中国社会六十年转型和发展历程》,《北京日报》2010 年 1 月 20 日。

六、其他文献

[1] 方延明:《当代中国传媒的价值取向》,载《中国社会科学》(内部文稿),2009 年第 6 卷。

[2] 卢新宁:《人民日报社副总编辑卢新宁:媒体融合如何“合而为一”——2018 媒体融合发展论坛上的主旨演讲》,人民网—传媒频道,http://media.people.com.cn/n1/2018/0910/c40606-30283544.htm,2018 年 9 月 10 日。

[3] 倪琳:《近代中国舆论思想演迁》,博士学位论文,上海大学,2010 年。

[4] 游泓:《情感与信任关系的社会学研究》,博士学位论文,武汉大学,2009 年。

附录 A　热点舆情事件调查

一、政务微博在北京大迁徙事件中的实践

通过新浪微博高级检索功能,关于本次北京大迁徙事件,能检索出隶属北京地区,包含"安全隐患大排查大清理大整治""三大专项行动"等关键词的政务微博超 40 条。其中,发布与该事件相关的政务微博覆盖了各个地区和多种职能。可以看到,本次事件充分调动了北京地区政务微博的积极性,展现了 安全隐患大排查大清理大整治专项行动的全貌。许多政务微博如@龙潭街道 、@北京市东城 不断跟进事件,报道行动进展。本次事件中,北京地区政务部门发布微博不仅仅依靠转发媒体内容和转发其他政务微博,大多数政务微博还能结合本地的具体情况,坚持原创,带给本地居民有价值的信息。虽然这次事件中政务微博的应对有许多可取之处,但是仍旧存在些许问题,我们将在下文详细研讨。

(一)可取之处

1.地区的政务部门集体响应,覆盖全北京

为深刻吸取大兴"11·18"火灾事故教训,北京集中 40 天开展了覆盖北京市各地区、各行业、各类企业的三大专项行动。其中,以城乡接合部为核心,清查整治仓储物流、汽配城、批发市场等。我们可以看到,北京市各个地区的政务微博都在紧跟事件进展,以@文明西城 、@北京市东城 、@北京昌平 、@文明通州 为代表,这些政务微博都能结合本地区专项行动的开展情况来发布政务信息,如@北京昌平 描述了本区保安如何守护家园,@文明通州 描述了该区的地毯式摸排行动。作为火灾发生地的大兴,以@北京大兴 和@北京市大兴区疾病预防控制中心 为代表的政务微博也有突出表现,积极公布了专项行动进展情况。

2.各部门参与政务微博信息发布

本次北京市所开展的三大专项行动,不仅需要各区积极响应,更需要各部

门履行职责。我们看到,与这次行动相关的政务微博覆盖的部门职能广泛,如林业、消防、公安、卫生、铁路、政法等。通过频繁地更新微博,这些政务部门及时向公众公布行动进展情况,让公众更好地了解本次安全隐患大排查大清理大整治专项行动的目的和内容。每个部门的工作内容差异很大,特点不一,不同职能的政务微博在发布政务信息时都体现了针对性。本次事件中,以@北京农业 、@平安北京 、@首都健康 、@北京消防 、@北京政法 等为代表的政务微博为公众细致地讲述了三大专项行动的具体内容。

3. 基层政务微博运营模式的展现

2018 年微博发布《2017 政务指数·微博影响力报告》,显示目前各省形成了"以地市级官微为主,以省级账号和区县级账号为辅"的格局。街道办事处是最接近百姓的基层政府机构,街道政务微博可以为居民提供街道动态、便民信息,同时也是一种基层政务微博的运营模式。

在北京大迁徙事件中,以@万寿路通信部社区 为代表的社区微博和以@龙潭街道 、@朝阳门我的家 、@崇文门外街道 为代表的街道微博都及时地更新了三大专项行动的进展。通过结合不同街道的情况,街道和社区政务微博努力地为本地居民带来更具针对性的政务信息。值得一提的是,上述报告中评选的"全国十大基层社区",东城区龙潭街道官方微博@龙潭街道 高居榜首。

4. 持续时间长,后续报道充足

本次北京大迁徙事件中,北京开展了为期 40 天的安全隐患大排查大清洗大整治专项行动。由于事件周期长,就要求政务微博持续对事件进行跟踪和反馈。我们可以看到在本次事件中,北京的多数政务媒体都在持续为民众提供该事件的相关报道,其中以@北京发布 、@北京大兴 等政务媒体为代表。其间,@北京发布 一共发布微博 4 条,其中包含 3 条原创微博,1 条转发微博。在所有北京地区的政务微博中,@北京发布 关于该事件发布的微博获得了较多关注,它的阅读量、评论与转发量都较高。

5. 个人政务微博的应用

政务微博存在多种划分方式,我们可以分别从发布者、功能定位、微博内容三个角度区分政务微博。其中,应用得比较广泛的是从功能角度定义政务微博,如将微博分为信息发布、形象宣传、搜集民情或受理投诉、监督腐败等类别。

如果从发布者划分,政务微博可以分为政务机构微博与工作人员个人微博。目前,比较常见的是政务机构微博。由于一些历史原因,南方地区的省份在政务微博实践上比较积极,工作人员个人微博的人气则以北京最为活跃。①

令人欣喜的是,在北京大迁徙事件中,出现了工作人员个人微博形式的政务微博,@西王庄社区民警张金秋 于 11 月 22 日对西王庄社区召开的三大专项行动部署会进行了介绍。张金秋民警为民众带来了及时的事件追踪,相比于用政务机构微博报道事件,工作人员个人微博的存在及应用在关键时刻令人耳目一新。

(二)不足之处

1. 未回应群众质疑

政务微博旨在为网民与党政部门提供更便捷高效的沟通。咨询者能在相对短的时间内得到以简洁文字呈现的回复,微博的及时性、双向性能保证准确、顺畅、有序的交流。

在本次北京大迁徙事件中,政府生硬的工作方式带来了一些网络争议。这次或许会载入史册的大迁徙,新闻图中大兴区外地居民拎着大包小包连夜搬离住所的身影令我们心疼。几天之内,数万人或独自一人或拖家带口地被迫搬离住所,从五环外继续往外迁移,到六环甚至是河北的固安、永清等地。

有舆论表示这次专项整治行动的本质是在变相驱赶"低端人口",极端的言论激发了部分公众愤怒和不满的情绪。作为一个外来人口居多的城市,北京本次以城乡接合部为核心开展的安全隐患大排查大清理大整治专项行动严重影响到外来务工人口的生活。如何最大限度地消除隐患,又尽可能地降低对城市居民的不良影响是政务部门需要思考的。此时,利用政务微博回应公众质疑、消除公众愤怒情绪、引导舆论,能有效地缓解政务部门与公众间看似不可调和的"矛盾"。

然而,我们并未看到北京地区的政务微博主动澄清"低端人口"这一误解,相关部门更是简单粗暴地进行删帖和辟谣处理,这样的处理方式不能使网民满意,甚至会进一步激化矛盾。为获得公众最大限度的理解和支持,消除执行中不必要的障碍,避免激进执法给群众生活带来粗暴变化,相关部门得放下"高高在上"的架子,及时与公众沟通,向公众做出政策解读,阐释行动的科学性、可行性及其中的公共利益考量。

2. 相较于媒体影响小

虽然隶属北京市的政务微博在本次事件中积极更新政务信息,第一时间发

---

① 张志安、贾佳:《中国政务微博研究报告》,《新闻记者》2011 年第 6 期。

布与行动相关的权威内容,但是微博的阅读量、转发量、评论量等数据显示,仅有少部分网民关注了这些政务信息。作为与传统媒体相抗衡的政务微博,其初衷在于打造强有力的宣传平台,"发声"的强烈愿望并未在本次事件中实现。建立政务微博的最终目的是帮助政府树立良好形象,通过新的媒体形式提高自身为社会公众服务的能力。然而,总体看来,本次事件中的政务微博并未对事件的舆情走向形成影响。一方面,各个政务微博在日常的微博运营中并没有形成稳固的粉丝群体,政务微博的群众基础不牢固。因此,在突发事件来临时,政务微博并不具备成熟的事件应对机制。另一方面,虽然关注本次事件的政务微博数量很多,但分散的政务微博却又各自为政,未形成完整的体系。琐碎、零散的政务信息令网民眼花缭乱,无从选择。同时,在本次事件中,媒体发布的信息相较于政务微博而言更具吸引力。政务微博官方的话语和统一的配图使其丧失了趣味性。

(三)北京地区政务微博建设启示

北京市人民政府新闻办公室网络发布处处长张轶群在"2018 北京政务微博发展研讨会"上说:"下一步,我们将进一步深入落实十九大报告关于高度重视传播手段建设和创新、提高新闻舆论传播力引导力影响力的要求,发挥信息融合和聚合的作用,以政务新媒体、政务微博为阵地,不断增强功能意识,矩阵意识、用户意识、创新意识,关注互联网技术风口和新的增长点,也将加强与新浪微博的合作。"①

本次大迁徙事件中北京政务微博的表现为我们带来了以下启示。

通过微博关键词搜索功能,可以看到北京地区的政务微博在这次事件中有较高的利用率,但是除了@北京发布 、@平安北京 等少数几个政务大 V 引起了较多关注以外,多数政务微博发布的信息并未引起关注。

第一,很多地方对发展"互联网+政务"的模式存在认识误区,重视开通账号却不重视运营。有些政务微博的建立仅仅是为了完成某些硬性指标,导致这些微博在后续运营中出现很多问题。大批在一年中从未发布过任何文章或与粉丝有任何互动的"僵尸账号"的存在就足以证明。数据显示,截至 2015 年年底,这样的政务微博有近 30000 个。政务微博的数量未必越多越好,如何提高政务微博的质量才是我们要思考的。

---

① 《2018 北京政务微博发展研讨会举行 评出十大政务微博》,人民网,http://www.sohu.com/a/228952757_114731。

　　第二，在本次事件中大量街道微博的运营让我们开始关注基层政务微博。由于基层单位本身运营的人员有限，资源相对贫乏，可供发布的信息比较狭窄，微博内容就不具备较大的吸引力，在竞争力上自然不能与地市级官微抗衡。如果一个村、一个镇所有的部门都开设官微，网民的注意力就被分散了，在突发事件来临之际就不知道该从哪里寻找重要信息。

　　基层政务微博在数量和实际影响力方面发挥的作用都相对有限。因此，不管是从现实数据，还是从网民心理层面看，基层政务微博衰弱的趋势明显。这种情况下，北京市政府可以适当对基层的信息、服务、资源进行合并、整合、统筹，并将发展的主力聚焦于地市一级。对于人口较少的村镇，可以把不同系统的政务信息汇集于一个主力账号发布。比如由地市旅游局成立该市旅游官微，统一展示各区县的旅游信息，提升该市的整体知名度。①

　　第三，此次北京大迁徙事件引发的舆论热潮中体现的对外来务工人口的关怀也启发了北京市政府建立服务于外来人口的政务官微。如何让身处北京奋斗的人们体会到北京市政府和来自社会各界的关注，提升他们的幸福感是我们所要共同努力的。

　　第四，北京市的政务微博在本次事件中"单打独斗"的现象也引发了我们对如何加强政务微博的组织系统建设，实现多领域联动的思考。2017 年 7 月 21 日的北京大雨事件堪称多部门联动发布权威信息的一个典范。在该事件中，@北京发布、@平安北京、@水润京华（市水务局官微）、@北京消防 和@交通北京 等微博账号一齐上阵、彻夜运转，发布了大量关于灾情和救灾的信息，为居民提供了大量有价值的信息。

　　政务部门想要做到在各类舆情事件中都能实现多领域联动，就要整合现有资源，最大限度地发挥资源效益。北京市政务部门在这方面可以尝试改变，给其他地区以示范作用。例如：加强政务微博的组织系统建设，旨在把本系统、本部门的政务微博组织起来，以系统力量确保舆论引导的主导权；同一部门的微博应建立在同一微博门户网站上，形成集合效应；通过建立微博群或者微博发布厅的方法来组建部门微博系统，把微博链条延伸到基层，延伸到组织的每个成员。②

---

　　①　周世林、关桂峰：《政务微博：舆论引导轻骑兵如何造就？》，《中国记者》2013 年第 3 期。
　　②　《基层政务微博陷窘境 地市级应扛起政务发展大旗》，人民网新媒体观察，http://yuqing.people.com.cn/n1/2016/0519/c364056-28363551.html。

二、政务微博在红黄蓝幼儿园虐童事件中的实践

通过新浪微博高级检索功能,本次红黄蓝幼儿园虐童事件能检索出包含"红黄蓝幼儿园""虐童"等关键词并与该事件相关的政务微博共 18 条。其中,包含北京地区的政务微博 8 条,其他地区的政务微博 10 条。可以看出,与本次事件相关的政务微博数量相对较少,北京地区的政务微博在该事件中的影响力较小。

(一)可取之处

1.检察、公安、司法类微博表现突出

检察、公安、司法类微博是发布本次事件相关信息的主力军。@婺城检察 、@溧水司法 结合红黄蓝幼儿园、上海携程亲子园、南京爱德美幼儿园案件发布了政务微博,告知公众政务部门严厉打击侵害幼儿园儿童犯罪、保护家园的决心。

2.影响力波及全国地方政务微博发声

红黄蓝幼儿园虐童事件给全国的幼儿园教育敲响了警钟,北京地区以外的政务微博无法提供警方调查结果,于是另辟蹊径,以其他方式关注红黄蓝幼儿园虐童事件。@彭水检察 引用政权委员胡卫的言论,认为应通过制约未成年人犯罪者来维护未成年人的权益,@正义阆中 引用央视的内容展现了 2017 年检察机关对未成年人实施综合司法保护的相关情况。本次红黄蓝幼儿园虐童事件中,地方政务微博结合各地情况,参与该事件,为民众带来了一些有价值的政务信息。

(二)不足之处

1.政务信息来源单一,内容同质化严重

我们可以看到,在此次红黄蓝幼儿园虐童事件中,北京地区的政务微博并没有为我们提供大量有价值的原创信息。与该事件相关的政务信息由@最高人民检察院 和@平安朝阳 等少数微博发出,且内容趋于一致。在以下罗列的四条政务微博当中,@平安北京 转发了@平安朝阳 的微博,@公安部打四黑除四害 转发了@北京检察 的微博,且它们的微博内容与@最高人民检察院 相同,都为"红黄蓝幼儿园教师被批准逮捕"。此次事件中,北京地区发布的与该事件相关的政务微博仅有 8 条,在政务部门发布的信息重复率高的情况下,给公众带来的信息量就相对较少。红黄蓝幼儿园虐童事件本身一波三折,情况复杂,但是政务微博却缺乏对事件的及时追踪,呈现出的信息简单,发布的内容单

一,无法满足公众需求。

2.发布思维受限,自说自话

在如今的公共话语空间中,社会性事件很容易演变成舆论危机。舆论狂潮一旦形成,真假消息,以及针对事件的焦虑与发泄乃至恶意的推波助澜总会将局面一步步复杂化。此时,就需要政府部门及时出面,以有效制止谣言的传播。

本次红黄蓝幼儿园虐童事件中政府的作为让很多网民大失所望,网上肆意传播的言论在官方介入后依旧接着发酵,官方自己最后深陷其中。与北京大迁徙事件相同的是,官方并没有回应网民此消彼长的传言和疑问,没有和公众的关切形成契合。

与其他政务平台相比,政务微博在信息发布上具有不可比拟的优势,然而,政务部门却错失了利用政务微博赢得民心的机会。在事件发生后,官方与公众的交流应该首先围绕人们最关心的方向,也就是急公众之所急,要强调全面调查和严惩责任人的决心,要强调开展治理和解决问题的坚决意向,让公众放心。[①] 该事件中强硬的删帖和禁止评论的行为显然激发了民众的不信任感,政务部门是以丧失部分政府公信力为代价来阻止舆情态势恶化的。在该事件中,如果官方的公信力足够强,网民自然就不会纠结于那些"疑点",而会更加专注于调查的关键结论。

3.突发事件应对能力不足

通过新浪微博关键词检索功能我们可以发现,在北京红黄蓝幼儿虐童事件中最早发声的政务微博是山东的@菏泽中院 ,微博发布于 11 月 24 日。而在所有北京地区的政务微博中,最早对红黄蓝事件表态的是@最高人民检察院 ,该条微博发布于 12 月 29 日,此时距离事件发生已经过去了 1 个多月。

政务微博在本次事件中并没有做到及时回应群众,这与主流媒体的迅速反应形成了鲜明的对比。新华社等媒体在事件发生后立即进行跟踪报道并在第一时间发声,发布的内容针对网上流传的猥亵、针扎幼儿,给幼儿喂食、注射不明药物等传言。与此同时,"军报记者"公众号就网民关心的一些关于部队的传闻及时采访"老虎团"政委冯俊峰,向全社会明确传递网上传言与事实不符的信息。面对网民关切,主流媒体及时澄清不实传闻,化解舆情危机的行为更衬托出了政务微博在本次事件中的缺位。

借鉴宁波江北区爆炸事件中政务微博的处理方式,我们可以得出:在舆情

---

① 《环球时报评红黄蓝涉虐童:直面舆论冲击是最好应对》,新浪财经,http://finance.sina.com.cn/review/mspl/2017-11-24/doc-ifypapmz4535545.shtml。

事件处理中,官方的反应一定要快,同时涉事地区和部门的官微要全力配合,及时发布各种信息。

4.政务微博说服力不足,公信力缺失

政务微博@平安朝阳 关于该事件一共发布了两则情况通报,分别发于11月25日和11月28日。第一则政务信息的内容是抓获编造虚假信息、扰乱公共秩序的刘某,第二则政务微博回应了家长质疑。

根据@平安朝阳 11月28日发布的情况通报、家长早期的指控和民众的接受度,做了附表A-1所示分析。

附表 A-1　红黄蓝幼儿园虐童事件官方回应分析

家长指控	@平安朝阳 的回应	民众接受度
孩子被针扎	1.基本证实该说法 2.未对注射液体这一细节做出澄清或说明	与之前众多信源的信息一致 具备说服力
孩子被喂药	1.称拍摄视频的家长误导孩子做出虚假陈述 2.警方调查显示,幼儿园对儿童在园期间服药有严格规定和流程。	与之前的诸多其他信源不符 需要监控录像的证据支持
孩子被裸体罚站	警方的通告无说明	需要监控录像的证据支持
猥亵或性侵	1.对家长提出申请的相关女童进行身体检查,未见异常 2.幼儿园内的男性教职员工,均不具备单独接触儿童的条件 3.称接受媒体采访的赵女士编造了言论	没有提供足够的证据来支持(警方仅调取了113小时的视频) 未回应侵犯者不是幼儿园内的员工的舆论 需要监控录像的证据支持
	幼儿园的监控视频因监控室库管员赵某某强制断电而致损坏	政府重金打造的监控联网系统起不到作用 一系列校园安全监控标准未被执行 在官方通告里,将责任推给基层库管员等行为令多数民众无法接受

从表中我们可以看到,警方的回应中,真正有说服力的只有孩子们确实被针扎了和孩子们并没有受到严重性侵犯的信息。面对其余的家长指控,官方给出了"监控丢失"的理由,官方公告的真实性让多数民众存疑。这一场民意沸腾

的热点事件,不应以"监控丢失"作为句号。官方生硬的舆情应对迫使人们产生对"真相"的抵触心理和对官方权威的极度不信任感。官方的辟谣带来的不应是对舆论的嘲讽、"打脸",对公众姿态甚高的"不要轻信"的告诫,而应是持续的追责、问责,对校园安全系统的全面升级。

(三)红黄蓝幼儿园虐童事件给政务微博运营的启示

《2017 年中国互联网舆情研究报告》显示,2017 年社会类舆情中红黄蓝幼儿园虐童事件位居榜首,在该事件关注度如此之高的情况下,政务微博的表现却让公众不甚满意。一方面,与该事件相关的政务微博的数量远不及公众预期。另一方面,政务微博迟缓的反应,以及价值不高的微博内容也让网民大失所望。在该事件中,网民获得信息的主要来源是主流媒体,政务微博的作用并没有得到凸显。针对这一情况,笔者对政务微博的运营和未来的发展提出了以下几点思考。

1.建设舆情回应体系

近些年来的多起舆情事件表明,微博已经能够形成足够强大的舆论场,影响事件的发展走向,如江歌案、杭州保姆纵火案等。《2017 微博用户发展报告》显示,截至 2017 年 9 月,微博月活跃用户已达到 3.76 亿人,日活跃用户达到 1.65 亿人。作为新形势下舆论阵地上的发声窗口,我们需要充分利用微博的舆情引导功能为政府治理提供新的思路。

政务微博还具备一项重要功能,就是通过微博搜集舆情。政务部门可以通过三种途径实现这一功能:受理投诉、微博搜索及关注热点。这就要求在微博这一平台上政府和群众间的沟通渠道畅通,不能禁止评论也不能随意删帖,要保证网民的言论自由。网民既是内容的生产者同时也是内容的传播者,带有个人特色的微博能反映网民的心理及诉求,政务部门就可以利用微博有效且高效地搜集社会舆情。在公共舆情事件中,搜集舆情能为政府的舆情应对机制提供基本思路,不同的社会事件有其特殊性,政府部门应该根据不同事件的性质和情况制定不同的舆情应对方式。

2.防止谣言扩散带来次生舆情灾害

政府部门在发布政务微博时应该警惕"后真相"传播的杀伤力,即"诉诸情感及个人信念,较客观事实更能影响民意"[①]。红黄蓝幼儿园虐童事件舆情的演进中,由于部分信息内容触越了网民所能承受的最基本的情感底线,击中了网

---

　①　《牛津字典》对"后真相"(post-truth)的定义。

民的情感"痛点",因此引发强烈的情绪反弹,也就能引发舆情汹涌,激发一些不明真相的网民发帖发文陈述仁智互见的道理,一步步推高舆情至非理性境地。此时,政府部门通过政务微博发布及时做出舆情回应就显得尤为重要,新媒体环境下新的舆情发酵方式更需要新型政务应对模式。

3.提高微博话语表达技巧

喻国明教授曾表示,政务微博的出现改变了过去政府部门被动应对舆情的局面,给民众社会政治参与注入新活力,让更多主体更大范围地参与解决公共问题。[①] 政府部门信息流转依靠的公文语言,具有严谨、全面、抽象等特色,但其含蓄节制的语言特色容易被解读为打官腔和回避问题。在此次舆情事件中,老虎团政委冯俊峰对网络谣言的回击令人印象深刻。这段回应,在做到严谨的前提下又借助答记者问的形式,突破传统话语框架,非常到位地表达了"孩子是祖国的未来,也是军队的未来"的共情。

此外,因当时整个事件仍处在调查进程中,冯俊峰在回应中特别强调"从目前调查情况看,部队和此次事件没什么关系,但这个调查也是初步的。下一步,我们还将继续进行调查",没有急于盖棺定论,而是坦承这是一个"初步结果",这种严谨反而赢得信任。

在保证内容严谨的前提下,政务微博还应与民众进行真诚平等的交流。在此次红黄蓝幼儿园虐童事件中,政务微博的原创内容少,多靠转发媒体内容来保证微博数量,同时,即使是原创的内容,政务微博提供的信息也不能让网友满意。

三、政务微博在桃江肺结核事件中的实践

通过新浪微博的高级检索功能,搜索到包含"桃江四中""肺结核"等关键词并与该事件相关的政务微博共 14 条。其中,隶属湖南地区的政务微博发布信息 3 条,其他地区发布微博 11 条。可以看出,在本次事件中,政务微博的利用率很低。这些政务微博的阅读、转发、评论量等显示政务微博发布的信息引起的效果小。湖南地区的政务微博未能在此次事件中形成强有力的体系,并为民众提供有价值的权威信息。

(一)可取之处

1.积极回应质疑

本次事件中,政务部门在微博上正面回应了部分群众质疑,并对事件的处

---

① 喻国明:《微博的影响力》,《国际公关》2010 年第 3 期。

理结果,即当地卫计局、教育局局长等被免职进行了通报。其中,以@金陵微雨花 和@溧水司法 等南京市的政务微博表现最为突出。

2.创新微博内容

@河北应急 与@青海共青团 以湖南桃江肺结核事件为契机为民众梳理肺结核的相关知识,达到疾病预防的作用。其他地区的政务微博以这种角度介入该事件不失为一种很好的方式。

(二)不足之处

1.依赖媒体内容,缺乏原创内容

我们可以看到,本次事件中政务微博发布的信息高度依赖媒体内容,@荆门网警巡查执法 和@武汉发布 都转发了《新京报》的视频以跟踪事件进展。作为独立于媒体发声的政务微博,其获取资源的便利渠道及能最快获得信息的能力是媒体所不能比拟的。然而,政务微博如果一味地靠转发媒体成果来更新微博,其粉丝群体会渐渐流失,政务微博的存在也就失去了意义。媒体微博与政务微博的关系是我们所要思考的:如何借鉴新媒体运营模式,逐渐提升政务微博参与社会治理的能力。政务部门应该逐步确立政务新媒体"两微一端"格局,努力实现政务微博、媒体微博、意见领袖和公众在移动互联网上的同频共振。

2.本地政务微博缺位

本次桃江四中肺结核事件是一起地方性事件,地方政务微博本该在该起事件中起到舆情应对作用,及时发布信息以解决公众疑惑。然而我们看到,在这起事件中,隶属湖南省的政务微博仅发布了 3 条微博。其中,@湖南网警巡查执法 和@广元安监 转发了《人民日报》的同一篇文章,@成都车辆段 在微博信息后直接附上《人民日报》相关报道的链接。

3.政务微博互动性不强,缺乏吸引力

本次桃江肺结核事件中,大多数政务微博都只获得了寥寥无几的关注量,其中@江宁普法 与@成都车辆段 的微博评论数和点赞数都停留在个位数。政务信息没有获得很好的传递效果,更缺乏与群众互动的内容。各地政府设立微博的最终目的是建立一个良好的网络问政机制,微博作为一个平台和技术手段,如果没有与微博用户的交互,没有向网络问政的回复督办功能延伸,那么,其形式意义即大于其实质功能,此种微博必然缺乏生命力。把握网络舆情是政务微博的日常功能之一,并且需要通过和网友交流,倾听网民意见来完成。然而,现实政务微博运营中,多数政务微博只是把微博作为一个主动发布信息的窗口,忽视了和网民的交流,使微博又从一个双向互动平台变成单向的信息搬运通道。政务部门不关注用户,只是发布一定数量的微博以维持账号的运营,违背了开微博账号的初衷,忽视了政府形象建设。

(三)政务微博建设启示

在此次桃江肺结核事件中,政务微博的不作为导致舆情进一步失控,人们偏激的言论和大胆的猜想不断在网上发酵并因为权威信息的缺位成为主流言论。如何让现有政务微博在突发事件中发挥作用,是我们必须思考的。回顾此次事件中湖南地区政务微博的表现,我们提出以下几点思考:

(1)明确微博职能定位;

(2)立足本地化服务;

(3)完善微博考评和激励机制。

其中,完善微博考评和激励机制尤为重要,它们可以成为激发政务微博做出转变的积极诱因。与此同时,通过激励机制可以调动部门工作积极性,早日实现微博问政。

(四)从桃江四中肺结核事件看政府信息公开机制

中国传统的针对危机管理的信息披露的做法是"内紧外松",总是认为"保密有利于防止恐慌、控制局势和维持稳定"[①]。有些地方政府患上了维稳"恐惧症",一旦发生公共突发事件,唯恐消息公开后会影响政府形象和社会稳定,往往采取"瞒、压、拖"的"鸵鸟政策",忽略了主流媒体在突发事件舆论引导方面的主导作用,禁止主流媒体报道,自认为"搞定就是稳定,摆平就是水平,没事就是本事"。甚至有的事件发展到了网络开始广泛关注后还是反应迟缓,严重违背了信息的传播规律,结果造成舆情应对不力,工作被动,政府形象和公信力在社会公众面前大打折扣[②]。

但网络社会的规则、共识、信任、良好的行为模式和秩序很难在短时间内形成,对政府而言,净化网络环境的任务就显得尤为艰巨。管理者面临的困境在于,政府对网络信息的监管既面临着国内民意的压力,又得应对西方意识形态的渗透,结果往往是对"最坏状况"的想象和假定导致做出某些极端的整治措施。实际上,如何平衡诸多价值和利益是互联网内容政策的重要组成部分,如果这一政策的目标是维护和建设一个作为公共领域的网络空间,那么这个世界

---

① 李凌娅:《从汶川地震透析当前中国的危机信息发布机制》,《中国民政》2008 年第 10 期。

② 向骏、向福明:《地方政府应对网络舆情事件的偏差与对策》,《决策咨询》2013 年第 4 期。

的秩序只靠严格的法律法规来维持和封堵是无法实现的。[①]

当事政府部门企图运用政治权力压制舆论,也是极不明智之举。这种公权力的不正当使用,反而将政府置于舆论的风口浪尖之上,导致适得其反的结果。[②] 在面对重大突发事件时,无论是在现实社会还是网络虚拟社会,政府都应当充分发挥好"主场优势",通过主动出击而不是简单封闭的方式,达到管理网络、解决危机的目的。[③]

在如今经济全球化和信息化的时代,瞬息万变的信息,已成为社会经济、文化等各方面发展的决定因素。网络社会的实质还是信息扮演主角的社会。当前,政府机构掌握了全社会半数以上的信息资源,是重要的信息来源。为了保障公众的知情权,为了维护现实社会和网络社会和谐稳定,信息必须公开透明。中国人民大学的陈力丹教授说,要解决"网络推手"或"网络打手"制造舆论混乱的问题,唯一的办法就是信息公开。[④]

四、从宁波江北区爆炸事件看政务微博信息发布策略

2017 年 11 月 26 日上午 8 点 55 分,宁波江北区双桥街道李梦小区北侧附近发生爆炸,对周边多个小区造成影响。

事故发生后,10 点 27 分,宁波市公安局江北分局官方微博@江北公安 发布消息,称群众受伤,公安、消防接警后第一时间赶到现场展开救援,具体原因正在调查中。同时当地燃气公司表示,爆炸发生后即派人前往现场检查,经查事发区域没有燃气管道,爆炸与燃气管道无关。宁波急救中心也在事发后调派多辆救护车轮换运送伤员,并紧急调派镇海、慈溪等地救护车辆赶来。出动江北等 5 个消防中队 16 辆消防车前往现场处置。

11 月 29 日 10 点,@宁波公安 发布通报:

警方确认"11·26"爆炸事件

两名失联人员已死亡

"11·26"爆炸事件发生后,公安机关经对爆炸现场全面细致的勘验、

---

①　胡凌:《网络传播中的秩序、谣言与治理》,《文化纵横》2013 年第 5 期。

②　谢金林:《控制、引导还是对话:政府网络舆论管理理念的新思考》,《中共福建省委党校学报》2010 年第 9 期。

③　陈力丹:《政府应在虚拟舆论场发挥好主场优势》,《浙江日报》2011 年 8 月 12 日第 14 版。

④　陈力丹:《以"信息公开"管住"网络推手"》,《文汇报》2010 年 8 月 4 日第 5 版。

调查、搜索和清理,对现场发现的人体组织逐一进行 DNA 鉴定,确认 2 名失联人员在爆炸时当场身亡,其中,一名男性死者为爆炸物归属者单某父亲,另一名女性死者为爆炸物归属者单某堂姐。

11 月 29 日 22:00,@宁波公安 发布通报:

宁波"11·26"爆炸事件
爆炸原因已认定

经过公安部物证鉴定中心牵头组织的专家组连日开展工作,依据现场勘验、物证检验鉴定结果和调查访问及对爆炸物归属者单某等涉嫌违法犯罪人员的审查,"11·26"爆炸事件爆炸原因认定为"爆炸物归属者单某父亲及堂姐在销毁爆炸物过程中操作不当引发爆炸"。

从事件发生到伤者救援、死者善后,从首次发布信息,到随后召开新闻发布会,宁波官方一直保持着信息的公开,及时与公众沟通,告知最新情况,缓解公众在这种重大突发性事件面前的焦虑不安心理。从出现质疑、负面评论到调查认定、权威公布,一切进行得有条不紊,层次清晰,详见附表 A-2。

附表 A-2　宁波官方回应统计

发布时间	微博内容
11 月 26 日 13:01	截至目前,已有 2 死 2 重伤,若干人正在救治中。公安消防正在继续进行排查。请市民朋友不要开车前往,不要聚集围观,为救援让出生命通道
11 月 26 日 13:28	12:50 许,江北区就庄桥街道李梦小区北侧原李家村地块外围空地爆炸召开新闻发布会
11 月 26 日 21:25	据@江北发布,截至今晚 20:50,事件造成 2 人死亡,4 人重伤,15 人轻伤,2 人失联,另有部分周边受影响群众在留院观察
11 月 26 日 23:44	爆炸中心部位位于李梦小区北侧原李家村外围空地化粪池,排除管道煤气爆炸可能。具体爆炸原因目前仍在调查中
11 月 26 日 15:10	目前尚有 16 人轻伤人员在医院接受救治,其他轻伤人员已回家
11 月 27 日 13:20	警方调查已排除人为故意制造爆炸案件可能
11 月 28 日 16:03	警方调查"11·26"爆炸事件原因取得重要进展
11 月 29 日 22:00	宁波"11·26"爆炸事件爆炸原因已认定

从政府角度来说,政府有责任和义务对社会公众进行政府信息公开,这不但需要信息公开程度高,还需要信息具有可读性,有利于提高政府的亲和力和

公信力。从社会公众角度来说,社会公众对政府政务的参与有助于加快民主化进程,有助于增强政府政策制定和执行的透明度,有助于政府和公众的良性互动,有助于扩大对政府的监督力度。[1]

(一)事件回顾

1.时间回顾

11月26日8:50,浙江省宁波市江北区发生爆炸。

11月26日10:27,江北公安机关官方微博发声,随后宁波江北公安机关先后8次发布信息。

另外,江北区委宣传部官方微博@江北发布 同步发布相关信息共15条,宁波市江北区庄桥街道办事处官方微博@庄桥微博 同步发布相关信息共12条。宁波市公安局官方微博@宁波公安 同步发布相关信息共11条。主要内容除警方发布信息外,还有救援、献血、呼吁交通让行等与爆炸事件相关方面的内容。

2.事件传播分析

通过运用"新浪微分析"产品对@庄桥微博 首发微博进行了数据分析,结果如下。

(1)影响力分析

@江北发布 成为此次事件关键传播用户(见附图A-1)。另外,以下微博用

传播节点

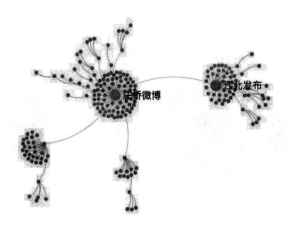

附图 A-1　传播节点

---

① 尧雪莲:《网络问政对政府形象塑造的影响与策略》,《新闻传播》2014年第9期。

户(见附图 A-2)在此次事件中也起到了重要传播作用。

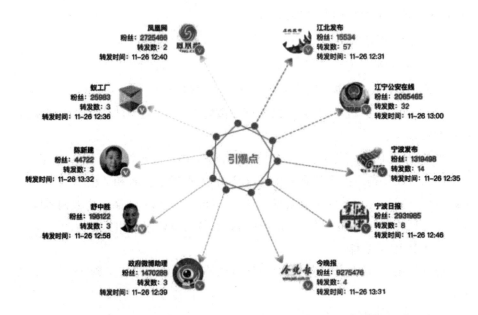

附图 A-2 起重要传播作用的账号

(2)转发者地域分析

该条微博转评用户在地域分布上较为集中,无论是微博的转发还是评论,浙江用户比例最高,可见该事件在当地引发了广泛关注,详见附图 A-3。

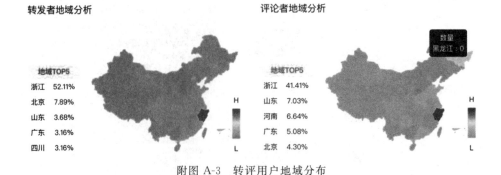

附图 A-3 转评用户地域分布

(二)宁波爆炸事件舆情分析——公安舆情处置经典案例

1.政务微博矩阵联动发声

此次突发事件,@庄桥微博 率先发声,实时更新事件救援状态,让政务微博成为突发事件的第一信源。当地政府部门及时行动,政务微博矩阵滚动发布信息,让公众及时了解情况,压缩谣言空间,获得了网民的称赞(见附表 A-3)。此外,@江北发布在爆炸事件发生后将微博头像换成黑白色的暖心行为,表达了对遇难者的哀痛,体现了政务微博的人文关怀。

附表 A-3　宁波爆炸事件官方回应分析

政务微博	发布微博条数	微博内容
@宁波公安	11	呼吁市民远离事发地;呼吁市民不要造谣;情况通报
宁波市江北区委、区政府 @江北发布	15	发表最新情况通报
宁波市江北区庄桥街道办事处 @庄桥微博	12	事后 1 小时率先发声;及时发布事件最新进展、救援动态
宁波市公安局江北分局 @江北公安	6	发布情况通报
@宁波江北卫生	1	江北区立即启动医疗卫生救治应急预案
@宁波发布	15	发布宁波市中心血站延长献血信息,建议广大爱心人士有序参加献血
@宁波消防	2	转发爆炸事件微博

2. 宁波警方的高效行动助推舆情透明化处理[①]

宁波江北爆炸事件中的舆情处理工作比较完善,官方没有采取逃避责任的态度,而是及时做出积极的处理,赢得了市民和广大网友的好评,甚至被评为"公安舆情处理的经典案例",网友@韩东言 在微博上做出了正面评论,阅读量超过 10 万人次。

此次宁波爆炸事件,多人伤亡,但是在网上并没有大的舆情发酵,也没有大的谣言产生,一切都在掌控当中。在这个事件中,警方及时、公开、透明地发布案情,起到了至关重要的作用。在舆情处置过程中,宁波公安让人眼前一亮,耳目一新,他们线上线下紧密配合,恪尽职守、干净利落地侦破案件、引领舆论,创造了公安舆情处置的经典案例。

---

① 《宁波爆炸舆情分析:公安舆情处置经典案例》,中国民生网,https://www.minshengwang.com/yiminsheng/698808.html,2017 年 12 月 1 日。

案件发生在 11 月 26 日 8:50 左右,江北公安官微在 10:27 发布第一条微博,距离事件发生仅仅 97 分钟,而这 97 分钟时间里,网络上已经有大量信息传播,这时候,及时、权威的信息发布就成了重中之重。对于公安机关,权威性来自现场调查,取决于一线民警的线下工作,取决于线上民警的案情通报,在 90 多分钟内,既要线下做侦查,又需要线上定口径、写稿子、审内容等诸多程序,而他们在这么短的时间内发布了一个堪称经典的情况通报。该通报共计 65 字,短小精干,一目了然,而信息量极大,时间、地点、事件、进展、原因全都提及,是一份非常标准的新闻稿。这个案情通报,直接成为网络新闻的新闻源,这是该事件中权威信息第一次引领网络舆论,及时抢占舆论制高点,其重要意义还在于表达了一种态度:有真相无谣言。

新闻的及时性并不是舆情处置的根本目的,舆情处置的目标是准确传递信息,让事实先于谣言传播。12:44,距离第一条微博两个多小时之后,@宁波公安 发布了第二条微博,这是案情的进展,重点是人员伤亡情况,这是舆论最关心的事实,两死两重伤,若干人救治中,直截了当表达,不隐讳,不藏着掖着,挤去了谣言的存在空间,毕竟谣言通常存在于隐讳中。这是在爆炸事件发生后 4 小时内第二次发布信息,成功引领舆论,使自己的微博成为热点,吸引舆论关注,从而占领舆论主阵地。

我们可以想象,发生爆炸案,现场是一片混乱的,线下,公安干警在排查和侦破案件,线上的工作也在有条不紊地进行。理论上,两小时左右就应该有新的信息发布,但是因为案情复杂,不一定能及时发现新的信息,但是,在没有新的信息之前,舆论阵地绝不能丢失,这就需要分阶段发布通报,形成一种受众期待心理与约会效应。大凡这样的案件,舆论都会关注权威部门发布的消息,他们期待在一定时间内会有新的消息发布,需要确定有关部门是在处理相关事件而不是玩忽职守。宁波公安是深谙这个传播学技巧的,13:54,@宁波公安 发布通报,没有新的进展,却是呼吁市民不要以讹传讹,不要制造恐慌情绪,这是一个定心丸。

11 月 27 日凌晨 2:39,@宁波公安 再次发布消息:爆炸中心部位,排除管道煤气爆炸可能,具体爆炸原因仍在调查中。这个案情发布传递出多个信息:第一,公安民警彻夜未眠,一直在调查案件,每个结论都是经过科学论证的,都是需要对法律负责任的;第二,排除管道煤气爆炸,这个结论一经发布,最大的作用是消除了市民使用煤气的恐慌心理;第三,警方在没有案件结论时也可以发布阶段信息,网民认知是与公安调查同步的,传递出警方实事求是的精神,办事的公开、透明得到完美展现。同样地,11 月 27 日中午 12:44,警方再次发布信息,排除人为故意制造爆炸案件可能,起到了安稳人心的作用。

11 月 28 日 16:01,案件取得重大突破。宁波警方发布案情通报,案件宣告破获。这个较长微博文本里蕴含着大量信息:第一,案情分析,为什么排除人为爆炸的可能,正义要用看得见的方式来表达,有结论还有说明,就可以堵住谣言出口;第二,爆炸物的物质来源查实清楚,这是破案的必要环节;第三,查获违法人,这是舆论关注的重点,有必要交代;第四,将违法人抓获,这是效果,之前所有的努力,就为抓住违法人。一篇简洁的通报背后,我们可以看到在这 36 小时内警察都在做什么。这个案子到现在为止,网民完全可以得出结论:案件侦破路径准确、清晰、快速,更可贵的是,每一步的进展,都是与网民同步的。

11 月 29 日,警方确认爆炸事件中的两名失联人员已经死亡。本来这个案件有两名失踪人员,这是有悬念的,也是网民关心的内容之一,这个事件没有烂尾,宁波警方完全公开透明到每个细节,而且一则短短的案情通报,我们能够体会到背后是警察工作的艰辛。这个案件到底如何定性? 这是本案最后一个关键问题,它需要主客观因素来判定,尤其需要通过对违法人的审查来确定。11 月 29 日晚 10 点,宁波警方发布爆炸事件原因认定:系操作不当引发爆炸。案件到此,画上句号。

综合来看宁波警方处置爆炸事件舆情,有以下几个特点值得思考:

(1)及时发布,规范权威;

(2)公开透明,去除恐慌;

(3)主动发声,把握信源;

(4)线上线下,密切配合;

(5)阶段发布,引领舆论;

(6)渐入佳境,干净利落;

(7)舆情处置,堪称经典。

@猫眼看天下 在发表的文章《舆情观察:宁波江北爆炸事件始末》中称:一起爆炸事件,不仅牵动了浙江省各级党政领导,也牵动了线上线下无数关注的目光,从事件发生到伤者救援、死者善后,从首次发布信息到随后召开新闻发布会,从出现质疑、负面评论到调查认定、权威公布,一切显得有条不紊,层次清晰。

此外,《环球时报》在《宁波这场破坏力巨大的爆炸为啥没有引爆网络?》中也对此次事件的处理做出了正面评价,文章部分内容如下:

　　宁波爆炸案的舆情之所以快速平息，靠的是宁波警方对于案件迅速且严谨的侦破行动，以及他们对于案情信息持续且透彻的发布。

　　首先，在 11 月 26 日爆炸案刚刚发生仅 2 小时，案发地所在的宁波江北区警方就及时发布了案情通报。紧接着，在当天下午 1 点，警方又及时通报了初步的伤亡情况，并且同时召开了此次爆炸案的新闻发布会。

　　当晚，江北公安又及时通报了伤亡人数的具体数字。大家可别小看这些在案情爆发初期的一系列信息公开的举动。要知道，很多围绕热点事件的谣言，往往会利用事件爆发后官方声音通常出现的"缺失"问题，而在案件最初的几小时内浮现和传播。但宁波方面及时的信息发布却成功抢在了谣言的前面，令别有用心者很难再有利用信息不对等炒作的空间。其中新闻发布会的召开和伤亡人数及时且细致的公布，更令一些会围绕死亡人数和现场状况而炮制谣言的人再难以找到切入的缺口。

　　不过，随着警方案件调查的展开，一个新的信息发布"空档期"也随之出现了。而在许多网络热点案件中，这个时期也是网络谣言会主攻的另一个目标。而在宁波这起案件中，爆炸发生次日的 11 月 27 日本应成为这个"空档期"。然而，宁波警方当天虽然在全力调查案件的缘由，但他们并没有因此就忽视了案情的发布，反而一有进展就立刻通报了公众。

　　其中，上面这两条先后排除爆炸系"人为故意"和"煤气管爆炸"爆炸的信息意义非凡，因为这两条信息极大地安抚了公众对于此案中最大的焦虑点：大家害怕这可能是有人蓄意制造爆炸案，或是爆炸原因是与大家生活息息相关煤气管道。而公众焦虑的平息，也就令潜在的网络谣言失去了可以挑动公众神经的"毒药引子"……另外，那条排除煤气管道爆炸的信息，还是警方 27 号凌晨 2 点发布的。这个特殊的时间点也进一步加强了公众对于警方的信任。

　　接下来，在案发第三天的 11 月 28 日，宁波警方的调查终于取得了重大进展。但与其他一些地方在面对热点事件中仅有"只言片语"的警情发布不同，宁波警方当天下午 4 点发布的案情重大进展中详细并透彻地描述了警方的侦察手段、过程等细节，这也同样令网络谣言陷入了"无机可乘"的境地。

　　最后，在昨天晚上 10 点，已经连续奋战 4 天的宁波警方终于拿出了给此案画上句号的最终答卷。而尽管这起爆炸案发生的原因挺奇葩的，但因为之前警方持续透明公开的信息发布，以及所发布信息的透彻和翔实，最终结果也并未引起任何后续质疑，反而让关注此案的网友们切切实实地感到了欣慰——实际上，早在 28 号那篇详细的案情进展发布后，很多人就心里已经"一颗石头落地了"！

一起突发爆炸案，却几乎没有看到网络谣言的滋生和蔓延，宁波警方对于此案线上和线下的处置，特别是及时的信息发布、详细的信息通报，都值得全国各地的警方乃至其他政府部门参考和学习。

记住，只有抢在谣言之前，不给谣言留出生根发芽的空间，才会令信息发布的主动权掌握在权威部门手上。遗憾的是，在全国很多地方，能做到宁波这次快速有效处置的部门还在少数，倒是与宁波警方处置方式相反的负面教材"随处可见"。……

（三）官方通报透支政府公信力

在整体上，这次事件的处理上官方已经算是做得好的了。然而，11 月 26 日 14:57，@江北发布 发表的这则情况通报中，网友关心的伤亡情况、救援进展、案件原因调查等问题仅一句带过，大部分内容是对领导行程的通报。

《人民日报》曾刊文《事故通报不妨少些"领导重视"》，对突发事件的积极处理，本就是各级领导理应承担的责任。官方通报的目的在于通过权威渠道发声，向社会各界全面细致地澄清事实、安定民心。官方通报中过多"领导重视"的背后，折射出根深蒂固的官本位意识。在一些人看来，官方通报该通报什么内容，不是站在公众角度尽量提供多的、有价值的信息，而是习惯站在领导角度，尽可能地把所有相关领导都"照顾到"。从这个意义上讲，许多信息的发布不是从满足公众最急迫的信息需要出发，而是把领导满意作为最高甚至是唯一的标准。在传播方式多样、信息渠道多元的今天，这种信息发布看似展示了领导干部履职尽责的形象，实际上是在透支政府的影响力和公信力。

在公众看来，官方通报需要传递的是最亟待关注、最有价值的信息。比如在一些火灾通报中，相较于各级领导的"高度重视"，详细的事故现场情况、后续处理措施，以及有针对性的防火安全提示，才是社会公众最为关注和需要的。

附录 B　徐福村综合情况问卷调查[①]

一、基本情况

1.您的性别是(　　)。

A. 男　　　　　　　　B. 女

2.户主是否为田央黄氏宗亲?(　　)

A. 是　　　　　　　　B. 否

3.您的年龄是(　　)。

A. 20 岁及以下　　　　B. 21~30 岁　　　　C. 31~40 岁

D. 41~50 岁　　　　　E. 51~60 岁　　　　F. 61 岁及以上

4.您有子女吗?(　　)

A. 有　　　　　　　　B. 没有

5.您的子女在工作还是上学?(　　)

A. 工作　　　　　　　B. 上学

6.您的子女工作地点是(　　)。

A. 城市　　　　　　　B. 城镇　　　　　　C. 乡村

7.您的子女学习地点是(　　)。

A. 城市　　　　　　　B. 城镇　　　　　　C. 乡村

8.您孩子的学历(包括在读)是(　　)。

A. 小学　　　　　　　B. 初中

C. 高中　　　　　　　D. 大学及以上

9.您的孩子收入比您高吗?(　　)

A. 是　　　　　　　　B. 否

---

① 选择题默认单选题,如为多选,将在问题后标注。

10. 您孩子一年回家的次数是（　　）。

A. 1 次　　　　　　　　B. 5 次以内　　　　　　C. 10 次以内

D. 10 次以上

11. 您的家庭人数是（　　）。

A. 1 人　　　　　　　　B. 2 人　　　　　　　　C. 3 人

D. 4 人　　　　　　　　E. 5 人　　　　　　　　G. 6 人及以上

12. 您的最高学历是（　　）。

A. 初中及以下　　　　　B. 高中/中专　　　　　C. 大专

D. 本科　　　　　　　　E. 硕士及以上

13. 您的职业是（　　）。

A. 农民　　　　　　　　B. 个体户　　　　　　　C. 个私企业主

D. 机关或事业单位人员　E. 企业员工　　　　　　F. 无业

D. 其他

14. 您的家庭收入来源主要是（　　）。

A. 工资收入　　　　　　B. 家庭副业收入　　　　C. 经营性收入

D. 投资收入　　　　　　E. 其他

15. 您个人的月收入为（　　）。

A. 2000 元及以下　　　　B. 2001～4000 元　　　　C. 4001～6000 元

D. 6001 元～8000 元　　　E. 8001～10000 元　　　 F. 10000 元以上

16. 您的家庭年收入是（　　）。

A. 3 万元及以下　　　　B. 3 万～6 万元　　　　　C. 6 万～9 万元

D. 9 万～12 万元　　　　E. 12 万～15 万元　　　 F. 15 万～18 万元

G. 18 万元及以上

17. 您家庭一年的日常开支是（　　）。

A. 2 万元及以下　　　　B. 2 万～4 万元　　　　　C. 4 万～6 万元

D. 6 万～8 万元　　　　E. 8 万～10 万元　　　　 F. 10 万元及以上

二、土地流转与"中心村"建设

1. 您家土地是否已经流转？（　　）

A. 是　　　　　　　　　B. 否

2. 您对土地流转的接受程度为（　　）。

A. 非常愿意　　　　　　B. 比较愿意　　　　　　C. 能够接受

D. 勉强接受　　　　　　E. 不愿意

3. 您家所拥有的土地有多少?(　　)

A. 2 亩及以下　　　　　B. 3 亩　　　　　　　C. 4 亩

D. 5 亩　　　　　　　　E. 6 亩　　　　　　　F. 7 亩及以上

4. 您家土地流转的形式为(　　)。

A. 出租　　　　　　　　B. 互换　　　　　　　C. 转让

D. 委托第三方经营　　　E. 土地股份合作　　　D. 其他

5. 您是否参加过商业性或者政策性养老保险?(　　)

A. 参加过　　　　　　　B. 没有参加过

6. 您是否签订过土地流转合同?(　　)

A. 是　　　　　　　　　B. 否

7. 您对村里土地托管政策是否清楚?(　　)

A. 非常清楚　　　　　　B. 比较清楚　　　　　C. 一般

D. 听说过　　　　　　　E. 完全不知道

8. 您是否愿意移居"中心村"?(　　)

A. 非常愿意　　　　　　B. 比较愿意　　　　　C. 能够接受

D. 勉强接受　　　　　　E. 不愿意

9. 您对"中心村"的满意程度为(　　)。

A. 非常满意　　　　　　B. 比较满意　　　　　C. 一般

D. 有意见　　　　　　　E. 不满意

10. 您家是否已拆迁集中安置?(　　)

A. 是　　　　　　　　　B. 否

11. 您家拆迁之前的住房面积是(　　)。

A. 60 平方米以下　　　B. 60～120 平方米　　C. 121～180 平方米

D. 181～240 平方米　　E. 241～300 平方米　　F. 300 平方米以上

12. 集中安置之后的住房面积为(　　)。

A. 60 平方米以下　　　B. 60～120 平方米　　C. 121～180 平方米

D. 181～240 平方米　　E. 241～300 平方米　　F. 300 平方米以上

13. 您愿意移居"中心村"的原因是(多选)(　　)。

A. 改善住房条件　　　　　　　　B. 服务设施更加完善

C. 为子女成家创造良好条件　　　D. 有投资升值空间

E. 响应政策号召,支持村集体发展　F. 其他

14.您家未拆迁集中安置的原因是( )。

A. 已规划,待拆迁　　B. 拆迁条件不满意,不愿意拆迁

C. 没有人通知　　　　D. 其他

15.您不愿意移居"中心村"的原因是(多选)( )。

A. 拆迁安置条件不合理,损害自身利益

B. 迁徙成本巨大,家庭经济难以承受

C. 舍不得离开旧居

D. "中心村"位置优势没有现住房好

E. 活动空间减小

F. 其他

三、社会建设与福利政策

1.您了解村里有哪些福利政策吗?( )

A. 非常清楚　　　　B. 比较清楚　　　　C. 一般

D. 听说过　　　　　E. 完全不知道

2.您对村里的福利政策满意吗?( )

A. 非常满意　　　　B. 比较满意　　　　C. 一般

D. 有意见　　　　　E. 不满意

3.您在村卫生室就医满意吗?( )

A. 非常满意　　　　B. 比较满意　　　　C. 一般

D. 有意见　　　　　E. 不满意

4.您对农村养老保险标准满意吗?( )

A. 非常满意　　　　B. 比较满意　　　　C. 一般

D. 有意见　　　　　E. 不满意

5.您对村垃圾处理满意吗?( )

A. 非常满意　　　　B. 比较满意　　　　C. 一般

D. 有意见　　　　　E. 不满意

6.您对村河道整治满意吗?( )

A. 非常满意　　　　B. 比较满意　　　　C. 一般

D. 有意见　　　　　E. 不满意

7.您对村治安情况满意吗?( )

A. 非常满意　　　　B. 比较满意　　　　C. 一般

D. 有意见　　　　　　　E. 不满意

8. 您对村附近交通出行满意吗?(　　　)

A. 非常满意　　　　　　B. 比较满意　　　　　C. 一般

D. 有意见　　　　　　　E. 不满意

9. 如果可以改进,您希望村里改进哪一些内容?(多选)(　　　)

A. 医疗　　　　　　　　B. 卫生　　　　　　　C. 教育

D. 养老　　　　　　　　E. 交通　　　　　　　F. 治安

G. 住房　　　　　　　　H. 公共生活　　　　　I. 其他

四、基层民主自治

1. 您会参加村集体事务吗?(　　　)

A. 每次都参加　　　　　B. 有空就参加　　　　C. 偶尔参加

D. 有人叫才参加　　　　E. 从不参加

2. 您的政治面貌为(　　　)。

A. 中共党员(预备)　　　B. 入党积极分子　　　C. 共青团员

D. 群众　　　　　　　　E. 民主党派人士

3. 您家里有亲戚参加村委会选举或者是村委会工作人员吗?(　　　)

A. 有　　　　　　　　　B. 无

4. 您愿意参加选举投票的原因是(多选)(　　　)。

A. 通过选举确实改变村里的现状

B. 自己的亲戚或朋友参加选举,去助威

C. 村里强制要求

D. 参加投票有补助

E. 其他

5. 您不愿意参加选举投票的原因是(多选)(　　　)。

A. 选举只是走过场,人都已经定好了

B. 选举和我家关系不大,参不参加无所谓

C. 还有其他重要事情做

D. 选举并不能改变村里情况,没有意义

E. 其他

6. 您知道选举的具体程序吗?(　　　)

A. 非常清楚　　　　　　B. 比较清楚　　　　　C. 一般

D. 听说过　　　　　　　　E. 完全不知道

7.您对竞选人的情况了解吗？（　　）

A. 非常清楚　　　　　　　B. 比较清楚　　　　　　C. 一般

D. 听说过　　　　　　　　E. 完全不知道

8.您是怎样了解到竞选人的竞选主张的？（　　）

A. 公开演讲　　　　　　　B. 大字报张贴　　　　　C. 传单派送

D. 逐户宣讲　　　　　　　E. 短信、微信等告知　　F. 不知道

9.您投票时会参考亲戚朋友、家人长辈的意见吗？（　　）

A. 参考　　　　　　　　　B. 不参考

10.因为投票耽误工作会有补贴吗？（　　）

A. 会　　　　　　　　　　B. 不会

11.您觉得做村主任有什么好处？（多选）（　　）

A. 有稳定的工作收入

B. 有一定的政治地位,体面

C. 可以做一些实事,实现人生理想

D. 有机会为人民服务

E. 其他

12.您对现在的村委会班子满意吗？（　　）

A. 非常满意　　　　　　　B. 比较满意　　　　　　C. 一般

D. 有意见　　　　　　　　E. 不满意

13.您对现在的村委会班子满意的原因是(多选)（　　）。

A. 领导个人能力强,人格魅力突出

B. 村委会班子团结,执行力强

C. 村委会班子对村集体发展做出很大贡献

D. 能解决村民提出的问题,关心村民需求

E. 其他

14.您对现在的村委会班子不满意的原因是(多选)（　　）。

A. 村委会班子不能改变村里的情况

B. 村委会班子不能听取村民意见

C. 村委会班子为自己谋求私利

D. 村委会班子漠视村民需求,对村务不用心

E. 村委会班子工作作风简单粗暴,损害村民利益

F. 其他

五、公共生活与社区交往

1.您平时闲暇时间做什么(多选)?(　　　)

A. 看电视　　　　　　B. 看书报杂志　　　　　C. 打纸牌、打麻将

D. 上网　　　　　　　E. 运动、健身　　　　　　F. 旅游

G. 其他

2.村里平时有什么娱乐活动(多选)?(　　　)

A. 体育活动　　　　　B. 广场舞　　　　　　　C. 团体比赛

D. 电影放映　　　　　E. 农家书屋　　　　　　F. 科普讲座

G. 其他

3.您对村里公共文化生活满意吗?(　　　)

A. 非常满意　　　　　B. 比较满意　　　　　　C. 一般

D. 有意见　　　　　　E. 不满意

4.如果不满意,您希望村里多举办什么活动(多选)?(　　　)

A. 体育活动　　　　　B. 广场舞　　　　　　　C. 团体比赛

D. 电影放映　　　　　E. 农家书屋　　　　　　F. 科普讲座

G. 其他

5.您现在与其他村民交往多吗?(　　　)

A. 非常多,几乎所有人都来往密切

B. 比较多,一般人都认识,但只和附近邻居来往较密切

C. 只同周围邻居交往,其他村民面熟

D. 只同几位村民交往,其他人都不认识

E. 其他

6.村民之间通过什么方式联系?(　　　)

A. 登门　　　　　　　B. 电话　　　　　　　　C. 短信

D. 靠喊　　　　　　　E. 微信、QQ 等即时通信软件

F. 其他

7.村民之间有没有共同建立的微信群、QQ 群等?(　　　)

A. 有　　　　　　　　B. 没有

8.为什么建立这些微信群?(　　)

A. 共同兴趣　　　　　　　　　　B. 共同解决事务

C. 亲戚朋友联络交流　　　　　　D. 其他

9.您接触最多的传播媒介是(　　)。

A. 电视　　　　　B. 报纸　　　　　C. 广播

D. 互联网　　　　E. 其他

10.使用大众媒介时主要关注哪些内容?(　　)

A. 时事政治　　　　　　　　B. 市场行情、经济信息

C. 社会新闻、明星八卦　　　D. 随便看看

附录 C 浙东乡村振兴政策调查

一、政策基本内容及调查区域概况

(一)政策基本内容

为响应习近平总书记"绿水青山就是金山银山"的理念和全国农村精神文明建设工作经验交流会精神,并贯彻落实"十三五"规划"全面建成小康社会"的目标和"创新、协调、绿色、开发、共享"的发展理念,宁波市在 2016 年创新性地提出创建农村文明示范线,以此推进宁波农村精神文明建设。该政策通过 3 年的努力,将宁波各区域内道路两旁自然景观、生态环境、地域特色以及人文风情相似的若干村庄串联起来,通过以点成线、以线带面的方式,提升文化、文明、生态、产业、旅游的内涵,推动农村精神文明建设由"盆景"向"风景"转变,将其全面打造成为具有示范性的农村文明综合体。根据本地的地形地貌,宁波市将重点打造三种类型的文明示范线:

在四明山区,体现自然风光和人文精神,打造具有山村风味的"五彩四明"文明示范线;

在沿海地带,发掘沿海村庄的渔文化、盐文化等资源,打造具有东海渔村特色的"斑斓海岸"文明示范线;

在平原地区,将生态环境优质、文化悠久的村镇串联,打造具有鲜花瓜果的"绚丽浙东"文明示范线,如"桃花源里"线、"魅力太白"线、"花香柴桥"线等,凸显当地特色。

此外,文明示范线的创建不仅重视硬件设施建设,也非常重视思想道德与文化建设。

(二)调查介绍

乡村文明示范线工作涵盖宁波 6 个区、2 个县、2 个县级市,线路较多且广。由于目前仍处于各个文明示范线的策划和实践的前期阶段,本次调查仅以其中发展较早且相对较为成熟的慈溪、余姚、象山三地文明示范线为目的地进行取样研究。

1.调查地概况

慈溪地区的"溪上慈风"文明示范线以南部沿山精品线为纽带,以徐福村的"和风"(提升农村文化礼堂、农民公寓及运动休闲小镇建设)、方家河头村的"古风"(保护修缮千年古村落、创建洁美村庄并做深农特产及旅游)、潘岙村的"清风"(打造廉政文化基地、深化民俗经济)、任佳溪村的"家风"(打造家风家训传承地、佳溪书屋、健身步道并完善任氏家谱)、徐福文化园等"四村一园"为地域文化资源。

余姚地区的"五彩梁弄"文明示范线结合梁弄的历史文化、红色文化、非遗文化、产业文化,把汪巷、梁冯等七村串联起来,形成红、绿、古、金、蓝色五大板块。红色板块即打造红色记忆展馆、党建示范区,绿色板块即举办四明湖浪漫金秋节、环四明湖徒步大会等节庆活动;古色板块即打造非遗文化一条街、民间记忆展示馆等,金色板块即打造农产品销售中心、特色民宿等,蓝色板块即打造中小学实践基地等培训基地。

象山地区的"斑斓西沪"文明示范线围绕山海景观和渔村民俗徐徐展开,以"沿海自行车道"和"斑斓古道"为主线,完善沿线高泥、白屿等村的基础设施,推动黄鱼养殖产业升级,传承乡风文明。同时整理发布《黄避岙传说》,建立竹编非遗展示中心、走书工作室,打造塔头旺血蚶、白屿紫菜等地方特色品牌。

2.调查样本

本次调查以农村地区村民为对象,包括已经不定居在本地但仍有亲戚居住在村里并与该亲戚关系密切的村民;调查对象还包括政府部门中涉及该政策传播和执行的部分工作人员。

3.调查方式

本次调查采用问卷和深入访谈两种方式。问卷的完成方式是:在对被调查人员讲解填写方法后,除不识字人员和部分不愿意填写问卷的人(通过访谈、提及问卷内容的方式填写)外,均由被调查人员亲自填写。本次调查共发放问卷100份,回收问卷98份,回收率为98%,其中有效问卷92份,有效问卷占总问卷的92%。

二、农村居民获取政策信息的途径与方式

(一)政策信息的获取渠道及比例

为了了解农村居民获得政策信息的渠道,问卷采用五级测定方法。让受访

者根据自身情况对大众传播、组织传播、人际传播模式下的 5 类主要信息传播渠道的使用情况进行打分。"每天"赋值 5 分,"经常"赋值 4 分,"有时"赋值 3 分,"很少"赋值 2 分,"从不"赋值 1 分。然后通过计算平均值,得到各渠道使用情况,见附表 C-1。

附表 C-1　农村居民对不同传播渠道的接触频率调查统计

传播渠道	从不/%	很少/%	有时/%	经常/%	每天/%
村委会等	12.0	15.2	14.1	19.6	39.1
电视	16.3	9.8	10.9	40.2	22.8
报纸	41.3	23.9	9.8	16.3	8.7
社交软件等	15.2	9.8	14.1	25.0	35.9
亲友	13.1	15.2	16.3	22.8	32.6

数据显示,报纸已经不再是宁波农村居民获取政策信息的主要方式,通过报纸获取政策信息的群体主要是村委会的文书、乡镇政府人员;社交软件等、电视、村委会等("村委会等"信息传播渠道指包含村广播、宣传布告栏、横幅、墙绘、村大会等渠道)是农村居民获知政策信息的主要方式。

调查受众中,几乎所有村民家中都配有电视机,宁波当地电视台新闻频道会播放宁波发展状况的最新资讯,"宁波农村文明示范线"项目中每条示范线的进展都会被报道。象山白屿村的村委会楼顶有一个大喇叭,用于平时的人员召集和重要事件通知;楼下墙面上的布告栏会贴上最新文件通知;余姚汪巷村在配合"宁波农村文明示范线"政策并实施村庄面貌整改措施时,采用了党员干部和村民代表持倡议书挨家挨户进行宣传动员的方式。为响应该政策的实施,每个村庄都进行了不同程度的整改和美化。象山黄泥村在村中空地建设"斑斓西沪"文化墙,余姚汪巷村在各户农家的围墙上画上"家家争做美丽庭院"等标语和墙画,慈溪徐福村在每户居民别墅式房子的大门外挂上具有家庭特色的墙牌……很多没有第一时间获知该政策和经常在外偶尔回家的农村居民往往在看到村貌发生可视性变化后才知道当地的发展情况。

亲友也是农村地区居民获知政策信息的主要方式之一。在外工作学习的本村人通过和村里亲友交流获知这些村里的变化;有的村民从电视或宣传栏中得知村里将要实施某项措施,会和亲友交流并探知该措施的目的、意义,以及具体内容。由于农村人口数量少,交际圈比较单一,"消息最灵通的亲友"多是在村委会担任要职的人。

此外,统计发现,社交软件等网络平台在"村民获知政策信息渠道"的评分中占比最高,表明很多村民都会从网络上获知近期本地在实施哪些政策。

(二)网络渠道的使用情况

在对宁波农村居民网络使用情况的调查中发现,被调查者中手机拥有率100%,电脑拥有率83.3%,平板电脑拥有率41.7%,其中会利用这些工具上网的比例达到75%。这和第39次《中国互联网络发展状况统计报告》显示的浙江互联网普及率较高(全国第五名)的情况相符。在实地访谈中发现,维系和外地亲友的感情、上网看电影玩游戏、查找信息是宁波农村地区居民使用网络的主要目的,几乎每个上网的人都会用微信作为交流方式,同时会关注一些政府的微信公众号;较为年轻的被访者(大致40岁以下)会使用微博,并关注政府的微博账号。

此外,统计发现,会借助手机上网的农村居民知道各级政府部门有其官方账号的比例为100%,其中90%的人知道或关注了1~6个官方账号,其中只有一个人关注10个以上不同的官方账号。普通村民对组织传播链中的官方账号的关注度区别很小。由此看出,网络传播政策信息的功能并没有被很好地利用起来。

(三)"宁波农村文明示范线"政策的传播现状

1.农村居民对"宁波农村文明示范线"政策的知晓率

研究政策的知晓率,从政策信息传播的广度评判其传播效果,即不论受访者对该信息的了解程度是深是浅、正确与否,只要听说过就可以算作完成传播。问卷以"您是否知道宁波市正在推进的'宁波农村文明示范线'政策?"为问题,判断该政策信息在广度上的传播效果,见附表 C-2。

附表 C-2　农村居民政策知晓情况

问题	选项	参与人数/人	占比/%
您是否知道宁波市正在推进的"宁波农村文明示范线"政策?	非常了解	29	31.5
	比较了解	41	44.6
	听说过	13	14.1
	没听说过	9	9.8

从附表 C-2 可知,高达90.2%的受访者知道"宁波农村文明示范线"政策,仅有9.8%表示"没听说过",这部分受访者在填写完问卷后表示知道当地正在

实施某项政策,对村里变化也有所了解,隐约知道这项政策大概是什么,只是不清楚这项政策的具体名字。虽然没有直接获知"宁波农村文明示范线"政策信息,这 9.8% 的人也从身边事物中了解到了这项政策的内容。

44.6% 的受访者比较了解"宁波农村文明示范线"政策,31.5% 的人认为自己非常了解该政策的具体情况,可以判断,"宁波农村文明示范线"政策信息的传达效果非常好。同时,也印证了前文农村居民了解政策信息的渠道中的研究,村委会信息传播渠道——村广播、宣传布告栏、横幅、墙绘、村大会等,对居住在农村当地的居民了解政策信息的重要性。

2. 对"宁波农村文明示范线"政策的认知度

由对政策信息传播效果的分析可知,影响它的因素由传播广度和传播深度组成。"宁波农村文明示范线"政策在传播的广度上效果非常好,大多数受访者都认为自己比较好地了解这项政策,但这仍无法从传播深度上判断传播效果的好坏。受访者主观意识上的认知无法客观地证明其效果,所以有必要定量地设定一些评判标准,从而更好地明白"他们都了解什么",使之能够相对准确地表现"宁波农村文明示范线"政策的传播效果深度。问卷将受访者对该政策的年限、目标、具体措施等内容的了解情况作为判断依据,调查结果见附表 C-3。

附表 C-3　农村居民对"宁波农村文明示范线"政策的认知程度

全部正确/%	两项正确/%	一项正确/%	没有一项完全正确/%
16.3	25.0	40.2	18.5

从数据中可以看出,只有 16.3% 的人能够准确说出政策的具体内容,大部分人对该政策只有粗略的了解,这些人大多通过身边环境变化获知政策的发展动态,少数对政策内容了解得非常详细的人一般是村干部和乡镇政府人员。这和前文"大部分受访者认为自己非常了解政策"的结果相悖。由此可见,政策信息的传达在深度上没有达到和广度一样的效果,现有的传播手段和渠道并没有深入地将政策信息传递到农村居民。

3. 对"宁波农村文明示范线"政策的态度及行为选择

霍福兰认为,传播是某个人(传播者)传递刺激(通常是语言的)以影响另一些人(接收者)行为的过程。即传播不仅要将信息传递到位,更需要接收者做出预期的反应,政策信息的传播也是如此。尤其是"宁波农村文明示范线"这些需要基层人民配合完成的政策,不仅要确保农村居民能够准确理解政策内容,还需要了解他们对政策的评价、期望,以及面对政策传播时的行为选择。

（1）对"宁波农村文明示范线"政策的态度

问卷用"'宁波农村文明示范线'政策对生活品质有所改善""这项计划能提高家庭的生活水平"两个描述作为态度的评判标准，调查结果见附表 C-4。"非常认可""比较认可""认可""不太认可""不认可"五个判断等级中，没有人选择"不太认可"和"不认可"，所以统计时没有把这两项数据呈现出来。

附表 C-4　农村居民对"宁波农村文明示范线"政策的认可度

问题	选项	参与人数/人	占比/%
"宁波农村文明示范线"政策对生活品质有所改善	非常认可	57	62.0
	比较认可	28	30.4
	认可	7	7.6
这项计划能提高家庭的生活水平	非常认可	23	25.0
	比较认可	33	35.9
	认可	36	39.1

从以上数据可以得出，宁波农村居民对"宁波农村文明示范线"政策在经济和生活两方面的认可度均达到100%，62%的受访者认为居住环境得到非常大的改善。在实地访谈中，不少受访者表示村里变干净整洁了，景观布置也变得优美了。象山白屿村村民余莉莉表示原来村头等公交车的地方有绿化带却没有人打理，看起来很脏很乱；后来用石头铺成矮墙，既美观又实用，等车的时候还可以坐着休息一下。象山黄泥村村民周红叶的家被选为示范性住房——装饰房子的围墙和绿化庭院，她说一开始会觉得有些麻烦，但做好以后觉得房子更好看了，对于被选为示范性住房也感到很自豪。余姚汪巷村的大学生村官张科表示，自从村里环境整改、垃圾集中处理以后，他带着来当地的访问者参观时的底气也变足了。

在提高家庭经济水平方面，虽然大部分人都认为有所提升，但只有25%的受访者表示非常认可，这或许和该政策刚开始实施还未收到经济上的明显成效有关。在实地访谈中，这一点也被印证。黄泥村村民代表周小国表示，目前村里的黄鱼养殖产业正被大力宣传，一旁正在打山洞建路，交通更加通畅会增加村里黄鱼养殖户的收入。因为买鱼的公司会专门过来打包、购买，便利的交通让村民无须担忧销量问题。但这些目前都还无法确定下来。

（2）对"宁波农村文明示范线"政策的行为选择

完整的传播过程包括获知、说服、决定、实施、确认五个阶段，从前面数据中可以知道"宁波农村文明示范线"政策在宁波农村地区的认可度非常高,但认可不代表正向行为(支持的行动),行为选择很大程度上取决于政策内容本身对政策接收者的可获益性,以及传播者的说服技巧。从实地访谈中发现,当农村当地居民能够从该政策中获取短期快速效益时,他们对政策的正向行为最高;当效益不明显或是需要较长时间才能获得效益时,他们的正向行为实施较慢,需要督促。

"宁波农村文明示范线"政策在象山白屿村实施时,为改善村容村貌,道路两旁的居民围墙需要做统一修葺。做装修工作的村民余莉莉的丈夫,接到这个单子时很快就先将自家围墙做了修整。慈溪潘岙村的一个老农户的家里常年摆着好几个装满金橘的竹筐,方便游客在参观游览时能随时买到当地农产品——促进本地农产品销售是该政策提高农村居民经济收入的方式之一。慈溪徐福村一对老年夫妇在院子里开辟了一小块菜地,周围摆满花盆以响应该村的庭院建设工作,虽然日常整理工作有些繁重,两位老人却乐在其中,"平时浇浇水拔拔草就当是锻炼身体,还能吃到绿色蔬菜"。当然,也有对这些政策响应不太积极的人。象山黄泥村里的一块宅基地因主人家常年在外没人管理而满是垃圾杂草,该村村委会督促好多次并召集村民一起整理,才将这个以前人人经过不停留的地方改建成供村民日常休息的小凉亭。

4.传播政策和村民响应政策的积极性关系

为了进一步研究传播效果与传播者的关系,本研究将对比政策传播者即村干部等人对政策传播的积极性和农村居民了解政策信息的积极性,通过对村干部的实地访谈和对村民的问卷调查,设立了"对政策信息传达及时的满意度""了政策信息意愿程度""参与政策相关活动意愿程度"三个标准。

(1)传播者传播政策的积极性

此部分通过实地访问当地村子的村干部及乡镇政府部分人员完成。对于通过村庄建设来提高村子整体经济收入的相关政策,村支书等干部人员的接受度较高,态度比较积极。这可能和此前几年的村庄整治成果有关。2013年年末,浙江省的"五水共治"政策在省内各地如火如荼地开展,整治效果显著,很好地响应了习近平总书记有关农村建设绿水青山的理念;另有徐福村全国闻名示范村、宁波80多个村子入选浙江省最美村庄的例子,促进了当地的旅游经济发展,增加了村民收入。

余姚汪巷村大学生村官张科经历了该村从脏乱差到美丽村庄的变化。汪巷村的整体经济能力比不上同属余姚的徐福村和慈溪任佳溪村,由于经费有限,为了花最少的钱办更大的事,村里干部开过几次会,挨家挨户上门动员,让村民自愿装饰庭院,并安排村民代表每天志愿打扫公共区域卫生,路边摆上花盆、画上墙绘。该村也曾对村里某项建设进行网上投票,开通微信、网络、报纸三个平台,覆盖全村人员。潘岙村也属于较贫困村庄,没有历史遗迹和特色产业,该村干部人员岑主任等人策划出"廉风"主题,并多次前往镇政府争取经费,终于建成周氏祠堂,大力打造清廉文化主题,改善村内道路景观,提升该地旅游软实力。

(2)接收者响应政策的积极性

本研究设立"对政策信息传达及时的满意度""了解政策信息的意愿""参与政策相关活动的意愿"三个标准来调查接收者响应政策的积极性,具体数据统计见附表 C-5 至附表 C-7。

附表 C-5　农村居民对政策信息传达及时的满意度

选项	参与人数/人	占比/%
非常满意	9	9.8
比较满意	32	34.8
基本满意	45	48.9
不满意	0	0
无所谓	6	6.5

附表 C-6　农村居民了解政策信息的意愿

选项	参与人数/人	占比/%
非常愿意	23	9.8
比较愿意	36	34.8
基本愿意	30	48.9
不愿意	0	0
无所谓	3	6.5

附表 C-7　农村居民参与政策相关活动的意愿

选项	参与人数/人	占比/%
非常愿意	23	9.8
比较愿意	15	34.8
基本愿意	25	48.9

续表

选项	参与人数/人	占比/%
不愿意	16	0
无所谓	13	6.5

由附表 C-5 可知,93.5%的受访者对政策信息的传达基本满意,其中将近一半的人比较满意政策信息的传达速度。这和政策传播者的积极性成正比,即传播者的积极性越高,信息传达的及时性越强。

从附表 C-6 可以看出,宁波农村地区居民对政策信息的了解意愿比较强烈,44.6%的受访者比较愿意了解该类信息,说明当地村民比较关注本地的发展,并且知道这些政策信息能够提高他们的生活水平。但在"比较/基本愿意了解政策信息"的人中,一小半人并没有积极的反馈意愿,对反馈持无所谓或不愿意的态度。结合实地访谈,可能和农村居民对政策实施的影响力有关。部分受访者表示村干部会提出意见,自己人微言轻,提了也不顶用;也有受访者表示自己不懂这些,这些事情村干部会管理妥当;其中和村里联系不太紧密的人则认为自己的意见没有太大作用,也没有强烈的表达意愿。

三、政策信息在农村地区传播的不足与改进意见

(一)政策信息在农村地区传播的不足

虽然农村居民对政策传播的及时性基本满意,但政策的有效影响力并没有想象中那么大。从实地调查中发现,政策传播者的积极性很高,政策内容的有益性也相对较大,而受这两者影响的信息接收者的积极性并没有那么高。

1.政策落实不完善

部分受访者表示,在村容村貌修缮过程中,应要求拆除的自搭建筑并没有得到相应的后续规划,拆除的空地被搁置又不能利用,觉得很可惜。也有受访者表示改善村容村貌并不是他们的第一需求,相反,地下水处理问题才是最应该改善的地方。此外,戏台、文化礼堂、祠堂的观赏作用远大于实际使用作用,日常不开放,仅在节庆时间才投入使用。

政策实施过程实际上是考验政策能否成功的关键环节。卓有成效的政策能进一步加深村民对政策的了解,进而提升其在当地村民心中的认可度,减少实施过程中的阻碍。因此乡村文明建设不仅要改善村容村貌,更应该提高村民生活水平,完善实用生活设施;而精神文明的建设也不应止于表面,更应将之融

入生活的方方面面。

2.传播渠道落后

目前,宁波农村地区的信息传播方式仍以传统的宣传栏、广播、口头相传为主(借助互联网传播政策信息的尝试有过,却不多),然而这已经无法满足农村居民对信息的实际需求。在实地调查中发现,除了年龄在50岁以上的人不会使用互联网上网外,手机和网络已经成为农村居民了解世界动态的方式之一,他们经常用手机微信和家人朋友联系,或用于学习、工作等。虽然农村人口仍以中老年人为主,但随着会使用网络的也常通过手机上网逐渐增多,农村地区的信息化发展也将和互联网越来越融合,尤其是随着农村各类产业的发展、经济能力的提升,农村居民对信息的需求只会越来越大。

3.反馈渠道缺失

实地调查发现,宁波农村地区的村民在日常生活中比较愿意表达对政策的想法,但在公开发表时却有所犹豫。这可能和意见反馈渠道匮乏、以往意见得不到重视有关。长此以往,将会形成政策实施和实施对象脱节的局面。传播者无法了解受众的真正需求,难以制定有效决策,而受众对决策失去信心,情况隐而不发,影响政策实施。

(二)改进意见

1.传播者要充分了解当地现状,结合农村居民的实际需求做出决策

既要考虑宏观层面,也要结合微观层面考量,这样才能更好地保障政策的正确性和可操作性。农村居民的需求在政策实施后得到满足,他们才会对政策产生信任感,从而方便政策的传达和实施。

2.传播渠道力求多样化

在已有的大众传播媒介如电视和组织传播的文件公告栏等外部基础之上,加强网络媒介的利用,强化组织传播内部网络化交流联系,加快信息传播速度;丰富政策信息的大众传播路径,把年轻人纳入农村地区的发展和建设中,加强年轻人与农村地区的联系。

3.强化政策反馈机制

给更多人发声的机会,让农村居民能切身感受到自己是政策执行环节中重要的一员,提升农村居民的政策参与度,从而减少政策实施的阻碍。

4.提高农村居民的文化、政治素养

文化程度和媒介素养的提升能够帮助农村居民对理解政策,从而提高政策传播效率。

附录 D　徐福村村民
公共生活状况的问卷调查

　　由附图 D-1 可知,网络时代随着虚拟社会网络的形成、居住空间格局的扩散、高度集中的交际方式的消失,"靠喊"来交流早已成为过去。电话成为人们交流的主要媒介,微信、QQ 等即时通信软件,也逐渐成为主流交往方式之一。随着无线网络、电脑及智能手机的普及,人们由原先的排斥到主动接受,开始充分享受电子产品带来的便利,而这些通信设备也打破了时间、空间的限制。

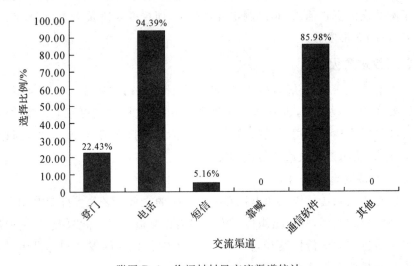

附图 D-1　徐福村村民交流渠道统计

　　外出务工的人们可以依靠网络视频、语音、短信等方式与家人沟通,不会因为距离的阻碍而被迫隔离。通过社交平台,如朋友圈,人们互相交流信息、思想、情感和知识,社交平台是有别于公共空间的发声场。

　　但是社交平台也有造成公共空间消散的隐患和风险。数字鸿沟造成了人际交往的不平衡,这里指的是实际获得数字技术的鸿沟和有效利用数字技术的鸿沟。掌握不了数字技术的人无法从数字技术的发展中受益,尤其是老年人和留守儿童,这些人群在参与公共交流中就失去了重要的参与议题。技术创新带来的隐患是电脑、游戏和社交网络的过度使用导致的社会孤立,无论是城市人还是农村人,近年来在数字产品上花费了比以往任何时候都要多的时间,深深地被数字产品所束缚,即沉迷于虚拟空间,以至于面临现实空间荒芜的尴尬境地。村民的活动更注重在家庭内部展开,然而这种个性化与个体化的私密空间并没有取代村社的公共空间,村庄事务依然会使其走出家门,但是公共空间的式微是不可避免的。

调查问卷基本内容

　　本研究通过问卷调查和实地访谈的形式获取村民对自身公共生活现状的态度的第一手资料,问卷内容主要涉及满意程度、娱乐消遣选择、现有公共活动、公共活动未来需求,包括村民间相互联系、联系强度、联系渠道与媒介等,全方面多层次地收集数据,并对数据进行定量和定性分析。

　　问卷主要涉及以下四个方面:其一,调查区域村民基本公共生活的内容需求,概括村民基本的公共文化活动的选择;其二,了解区域村民基本公共生活的供给需求,主要考察该区域居民对政府供给的基本公共文化服务的现状和满意度;其三,调查村民对基本公共文化服务的未来需求,主要考察村民对未来的公共生活的期待,以及在公共服务方面急需政府提供哪些政策方面的支持;其四,了解村民间社群交往的情况,主要考察该区域村民交往与联系相关特征。

　　本次调研活动于 2018 年 2 月 8 日至 2 月 20 日开展,走访地点为宁波慈溪徐福村,发放问卷 110 份,收回有效问卷 107 份,有效回收率为 97.27%。调查人群人口学特征见附表 D-1。

附表 D-1　调查人群人口学特征

人口学变量	类别	数量/人	占比/%
年龄分布	20 岁及以下	0	0
	21~30 岁	2	1.87
	31~40 岁	23	21.5
	41~50 岁	49	45.79
	51~60 岁	27	25.23
	61 岁及以上	6	5.61
学历分布	初中及以下	48	44.86
	高中/中专	59	55.14
	本科/大专	0	0
	硕士及以上	0	0
工资分布	2000 元及以下	5	4.67
	2001~4000 元	30	28.04
	4001~6000 元	41	38.32
	6001~8000 元	20	18.69
	8001~10000 元	8	7.48
	10000 元以上	3	2.8

调查问卷相关情况

一、村民文化生活基本方式

附图 D-2 为村民闲暇生活的休闲方式选择,运动健身成为村民的首选,占 87.85%,这与调查样本年龄分布有关,中青年逐渐追求生活质量,通过健身和体育运动来增强体质;其次,看电视、旅游、看书报杂志等也成为该区域村民的基本生活方式,分别占 51.4%、32.71%、19.63%。调查显示,选择上网的村民为少数,仅占 0.93%;此外,没有村民选择打纸牌、打麻将,调查样本中 30 岁以下的人占极少数,大部分接触网络的青壮年长时期在外务工。

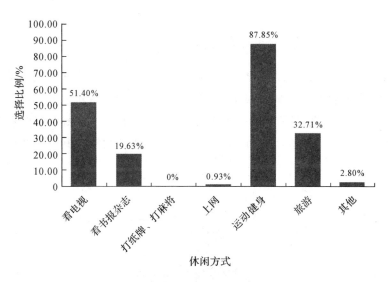

附图 D-2 村民闲暇生活的休闲方式选择

二、村民参与公共活动的基本情况

附图 D-3 为该区域村民参与公共活动情况统计。参与广场舞的村民占受访者的 97.2%，其次为体育活动，占 57.94%。而农家书屋、电影放映、团体比赛参与的人数远远不及前两项，分别为 9.35%、3.74%、2.8%，选择的人数较少。无人选择科普讲座，调查人群对此的兴趣不高，这与调查人群的受教育水平普遍不高有关，参加活动的主要是本科及大专以下学历的人群，举办次数及参与程度较低。

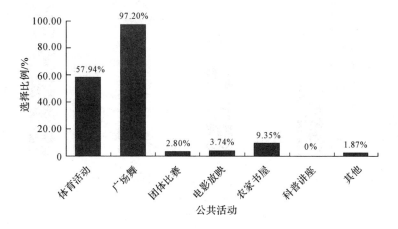

附图 D-3 居民参与公共活动情况

三、村民参与公共活动的满意度

从问卷调查统计情况来看,村民对当下参与公共活动情况持比较满意的态度,占统计人群的 66.36%。非常满意占 21.49%,而选择一般的村民占 12.15%。没有人选择不满意和有意见,详见附图 D-4。可见受访群众对现今公共生活大体表示满意,但侧面也反映群众公共生活动还有其他期待尚未获得满足。

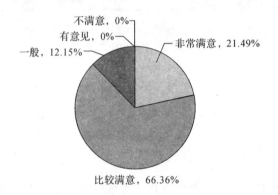

附图 D-4　村民参与公共活动的满意度

四、村民对公共活动的需求

根据统计,村民对科普讲座(占 25.23%)、团体比赛(24.30%)及体育活动

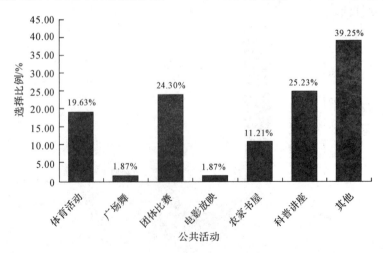

附图 D-5　居民对公共生活的需求

(19.63%)的需求较高,详见附图 D-5。由于广场舞的参与度饱和,期待体育活动多样性成为村民共同期待的公共服务发展方向;通过科普讲座来获取农业生产相关知识,侧面反映了村民在获取公共文化最基本的需求的同时也有拓展知识的发展型需求。其他占据 39.25%,可见村民在收入水平提高的同时,消费水平也随之提高,开始寻求精神生活的多样性。